アラン・プリチャード＋ジョン・ウーラード 著
Alan Pritchard and John Woollard

田中俊也 訳
Toshiya Tanaka

アクティブ
ラーニング
のための
心理学

教室実践を支える構成主義と
社会的学習理論

Psychology for
the Classroom:
Constructivism and
Social Learning

北大路書房

PSYCHOLOGY FOR THE CLASSROOM:
CONSTRUCTIVISM AND SOCIAL LEARNING
by Alan Pritchard and John Woollard

Copyright © 2010 by Alan Pritchard and John Woollard.
All Rights Reserved.
Authorized translation from English language edition published
by Routledge, a member of the Taylor & Francis Group.
Japanese translation published by arrangement with Taylor &
Francis Group through The English Agency (Japan) Ltd.

まえがき

『アクティブラーニングのための心理学：教室実践を支える構成主義と社会的学習』では，これまで盛んに論じられてきた，教室での語りや集団での共同学習，および教授活動における相互作用的アプローチの開発についての生き生きとした紹介が行われている。著者らは構成主義や社会的学習理論の研究の背景を明確にし，現在の教育についての諸問題や方略に焦点をあてて幅広く実践的な分析を行っている。本書全体を通して，そこで紹介された理論は日常の教授・学習活動の持つ実践的な意味あいと関連づけて紹介されている。各章では次のような点が具体的に記述されている。

■構成主義，社会的学習理論の歴史と主要な研究者
■教育的な意味
■教室での実際の用いられ方

本書では全体を通して，いい実践が行われている事例研究や授業風景を紹介している。そこでは，学習者間でモニターしあった共同作業が学習者にとっていかに効果的な学習環境をつくることになるか，ということを描いている。構成主義的な枠組みの中での効果的な教授学習のありかたを考えたいと思う現役の教師や学生たちには価値のある入門書となるであろう。

アラン・プリチャードはウォーリック大学（University of Warwick）の教育学の准教授である。長年にわたり小学校の教員を経験し，教育的な話題についての幅広い本を出版している。

ジョン・ウーラードはサウスハンプトン大学（University of Southhampton）の教育学部，情報技術教育の講師である。以前は小学校と中学校の両方で教えた経験も持つ。現在はコンピュータを用いた教授学習の研究を行っている。

謝辞

　著者らは，教室での実践を行った教師であるクレイ・ジョンソン，キャサリン・リチャード，レズリー・スコップス，シンシア・セルビーに謝意を表する。また，ライト・シークエントとストラッド・リングの影ながらの貢献に対し感謝する。またウォーリック大学とサウスハンプトン大学の同僚にも協力を感謝する。

　本書は著者らの子ども，マリアとフランシス，マッティーとベッキーに捧げる。彼らが成長し社会化し学習していく様子を観察することで著者らの目を開かせてくれ，そういったことがらがどのように進んでいくのかということについての理解の手助けとなってくれた。

目次

まえがき　i
謝辞　ii

1章　序論　1

構成主義的動向序説　2
構成主義的学習理論の黎明期　5
学習理論への社会的構成主義アプローチの概観　9
＜用語解説1＞　11
社会的構成主義の考え方と初期の提起者　12
ピアジェの発生的認識論1：シェマ　14
ピアジェの発生的認識論2：同化, 調節, 均衡化　18
ヴィゴツキーの社会的学習理論　20
ブルーナーの学習理論　22
バンデューラの社会的認知理論　24
状況学習論　25
＜用語解説2＞　27
要約　29
発展課題　29

2章　研究　現在, 最近, 過去の実践から得られたエビデンス　31

教室での成績と社会的相互作用　32
学習の社会・情動的側面（SEAL）　34
教室での共同作業と協同作業　41
コンピュータを用いた社会的学習環境　43
社会的に構成された教室　49
要約　52
発展課題　52

iii

3章 理論 社会的構成主義と社会的学習理論からの教訓　53

社会的相互作用, 思考, 絡み合い　54
原理と段階　55
足場かけ：計画的な足場, 思いつきの足場　59
モデリングと発話思考　63
社会的構成主義の原理の拡張　64
要約　67
発展課題　67

4章 教授法 実践に導く規則・原理・理論　69

構成主義理論での教授法の特徴　69
学習の準備ができている, ということ　76
構造化, 順序化, 選択肢の設定　79
＜用語解説３＞　86
認知的徒弟制　90
社会的相互作用と教室での談話　97
社会的相互作用を通して個人を支援する　103
要約　105
発展課題　106

5章 授業方略　107

構成主義的な教師の授業方略　108
（1）先行知識を活性化させる　110
（2）コンピュータを介した協同作業をさせる　115
（3）ペアでの作業をさせる　122
（4）大人が教え方を学ぶ（正統的周辺参加の大切さ）　126
（5）協同して学ぶ　132
（6）カリキュラムを横断して協同する　135
（7）ペアでゲームを製作する　139
（8）共同して誤った結論に至る　143
発展課題　148

参考文献　149
索引　165
訳者あとがき　173

iv

1章 序論

【本章のねらい】

本章では，学習についての心理学理論の枠組みのなかで，あるいは，それを超えて，構成主義的な動きをどのように捉えたらいいのかについてみていきます。

まずは思想や哲学という大きな流れの中で，構成主義的な学習理論がどのようにして始まったのか，を考えます。次に，そこに「社会的」ということばがくっついた社会的構成主義では学習をどう捉えるかをみていきます。この社会的構成主義の考え方やその先駆者の考え方についても言及します。

さらに学習理論の立場からの社会的学習理論，という考え方についても検討していきます。

本章では，ピアジェ，ヴィゴツキー，ブルーナー，バンデューラ，レイヴ&ヴェンガーらの理論をみていきます。

本書の目的は，社会的構成主義や社会的学習理論の背景を紹介し，それらが教育カリキュラムのなかでどのようにして具体的な教授法に変えられていくのかを紹介し，教師が自分の教え方を熟慮し開発していくにあたって，そうした教授法がどのようにして実践方略や実践活動に発展していくのかを示すことにある。

こうした目的を遂行するためには，社会的構成主義的な理由から（このことは，章が進んでいくごとに何のことか明らかになるであろう）も，社会的構成主義をより幅広い構成主義的学習理論の文脈の中に位置付け，また，より幅広い構成主義的な思想や哲学の文脈の中に

位置付けることが重要である。そのことによって，学習の領域を超えて，社会思想，倫理思想，心理学的思潮と絡めて論じられることになろう。

構成主義的動向序説

　マホーニー（Mahoney, 2005）は，「構成主義（constructivism）」や「構成主義者・構成主義的（constructivist）」，またそれに関連した語句や言い回しは，最近になってやっと心理学用語の一部になってきた，としている。「最近」ということば，はここでは20世紀の後半，という意味である。しかしながら，彼は，そこに横たわる考え方は，萌芽期的な意味でははるかずっと前に辿ることができるとしている。構成主義的な思想は，東洋では2000年以上の歴史を持ち，西洋においても少なくとも300年の歴史をたどることができる。

　ウオルシュ（Walsh, 1999）は，ゴータマ・ブッダ（Gautama Buddha: 560-477 BC）の著述を次のように引用している。「考えるゆえに我れあり。我が存在はすべて我が考えより生ずる。我が考えは我が世界を創る」(p.45)。これはまさに，自分の生きている世界は自分が創るのだ，という考え方である。すなわち，われわれは，みたもの経験したものに基づいて考える過程を通して自分のまわりのことを知るようになるのである。この点は後に詳しくみる。

　ソクラテス以前の哲学者ヘラクレイトス（Heraclitus : c.535-474 BC）も初期の構成主義的思想家といえる。「同じ川に2度足を踏み入れることはできない」という有名な格言で知られている（同じ川に入ったとしても常に違う水が流れている，の意）。カーク（Kirk, 1986）は，ヘラクレイトスは「信念という『内的』な状態と，誰もがアクセスできる事実という『外的』な状態を区別している」(p.62)のだ，としている。これは，外的世界の事実は個々人によって解釈され，それが個人的リアリティの世界という信念を作り上げていくのだ，ということ

を語っている。これは以下でみるようにリアリティや個人性というものに対しての構成主義的見解なのである。

ゴータマ・ブッダとほぼ同時代の人であり道教の創始者である老子（LaoTzu）も，リアリティというものは個々人によって個々にとらえられる，移ろい変化する実体であることを述べている。

西洋文化の中ではジャンバティスタ・ヴィーコ（Giambattista Vico：1668-1774）が，「経験を秩序立てて構成する」という意味での人間の「知」（knowing）について論じている（Mahoney, 2005：p.747）。構成主義的な考え方を最初に提唱したとされることもあるイマヌエル・カント（Immanuel Kant：1724-1804）は，精神とは「経験というカオスを秩序立った思考に変形させていく，アクティブな機関である」とした（Mahoney, 2005：p.747）。構成主義の歴史を考えていく際，ここで少し立ち止まってみる必要がある。というのは，カントは20世紀でもっともよく知られた心理学者であるジャン・ピアジェ（Jean Piaget）に影響を与えたと考えられているからである。ピアジェは発生的認識論を発展させたことで大変よく知られた研究者であるが，それは後に詳しくみていくことにしよう。ピアジェの構成主義的学習観は，最初にカントによって広められた考えと同じ考えに基づいている。ここではカントの思想を詳細にみていく余裕はないが，彼の「批判」3部作（1781, 1788, 1790）に，最近の構成主義思想家の思想と軌を一にする，より幅広い構成主義学派の考えに育まれ成長していく多くの考え方が存在していたことだけは触れておこう。

ヴァイヒンガー（Vaihinger：1852-1933）は，カントの思想の一部をより入念なものに仕上げていった。1911年に公刊された「かの如く」という哲学書で，精神や心的過程がなぜ存在するかというと，それはリアリティを映し出すためではない，そうではなく，多種多様な人生の旅を手助けするためにあるのだ，とした。人生という旅の中で経験することがらに意味づけをするために心的努力というものは向けられているのであり，人は，人生の途上で遭遇するさまざまな経験を構成

し解釈し続けるのである。

経験からどのようにして理解をひきだしてくるのかについて急進的な再考を徹底したジョージ・ケリー（George Kelly：Kelly, 1963）はヴァイヒンガーの哲学に影響を受けている。ケリーは，人間は2つの基本的世界に生きている，とする。第一の世界は，人間がどう理解するかに関わらず人間の外部に存在する。2つめの世界は，第一の世界を解釈するそのやりかたに依存した世界であり，表象とか構成概念といった形で個人的な企図をもってその世界に接する。ケリーの著作は，他の誰よりも互いに排他的な意見を交わしあう思想家集団の間で，知的論争の源やひらめきの素があるとされてきた。彼は自分の著作が，より幅広く認知的行動の規準として捉えられていることにおどろきを示している。

構成主義はもっとも広い意味でいえば，学習の理論を越えたところに関心を持つ。この本での記述の流れからして，まず最初に指摘すべきで，そして最も重要なことは，それが構成主義的認識論であるという点である。認識論とは，「知」について考察し詳細な研究をしていくことである。認識論の研究者は，人間の知の起源，特徴，それを獲得する方法，その限界についての研究を行う。構成主義的認識論とは，「知」の領域，構造，特徴について研究する哲学的なアプローチの1つであり，それが構成主義的アプローチということになる。構成主義的認識論は，科学的知の特徴を研究する哲学者がとる哲学的もののかたの1つである。構成主義認識論者は，科学的知識は科学者の内部で構成されるものであって，物理的客観的世界からそれを発見するものではない，と考える。こうしたいくぶん込み入った考え方は，本書をひもとき，構成主義の学習観が明らかになるにつれて徐々に明確になってくるであろう。

構成主義は，国際関係や数学（特に数学的証明の領域），芸術や建築の領域（20世紀初頭におこったロシアの強烈な構成主義的運動）でも主要な関心領域となっている。芸術における構成主義の賛同者は，

「芸術は芸術のために」という旧(ふる)い考え方を拒否する。芸術に向かっての活動は，本来，社会的目標に向けての，社会的変革をめざしての活動であるのだとする。芸術や建築学での構成主義は1930年代までしか続かなかったが，そのころ，ドイツやその他の地で新しい社会秩序（ファシズム）が台頭しつつあり，芸術の領域で構成主義が発展してきたことと符合する点は注目に値する。学習の問題に関心を持たない心理学の領域もあるが，それらは幅広い構成主義的な動きの1つでもあった。こうした流れのなかで，心理学方法論や心理療法研究は，構成主義的なアプローチと大いに関わることとなる。また言語学の領域でも，言語獲得を構成主義のみかたで研究していく流派もある。

しかしながら，本書の目的に沿って言えば，学習理論としての構成主義や，学習のもつ社会的特徴についての理論を扱いそれを発展させた，構成主義的学習理論の発展形やその一部としての社会的構成主義について検討していくことがもっとも重要なことである。

構成主義的学習理論の黎明期

先にみたように，構成主義理論の考え方は，西洋のこの領域での最初の貢献者である，ギリシア時代のヘラクレイトスにまで辿ることができる。その哲学の中に潜む一部の考え方は，もっと以前のブッダや老子にまで辿ることも可能である。しかしながら，本書での目的に沿って言えば，また，特に学習に焦点をあてて考えていくことからすれば，実際の構成主義的学習理論の発展は20世紀になってからである，ということができる。

学習がどのようにして成立するかについての20世紀初頭の研究では，のちに行動主義として，また時には刺激−反応理論として知られるようになってきた考え方に中心的な関心が寄せられた。この学習理論の学派を発展させた著名な科学者は以下のような人物である。

パブロフ（Pavlov : 1849-1936）：20世紀初頭，古典的条件づけの手法を開発した。
ワトソン（Watson : 1878-1958）：行動主義の基本原理を提唱した。
スキナー（Skinner : 1904-1990）：強化の原理の重要さについての先駆的研究をした。

　行動主義は，学校やその他の公的な教育の中では学習理論としての重要さは色あせてきた。しかしながら，自動的に反応するようになることが求められる特定の機能を訓練する状況では，多くが行動主義のやり方が効果をあげうるものと目された。学校では，知識がほとんどなくても起こりうるような自動的反応を生徒に要求するような事態はほとんど存在しない。ただ，1つの例を挙げるとすれば，体育の授業での安全教育の場面でその例をみることができる。先生が決まったやり方（例えば笛を吹く）で生徒に，現在おこなっている作業を中断するよう伝えた時，笛の音を聞けばなんの疑問もなく直ちに中断しなければならない。笛の音でそうするようクラス全員に訓練するのである。
　もっと「勉強」的な場面では，算数での学習を推進させるためにその基本として九九を学ばせることがある。先生のなかには，九九の練習問題に早く反応する力を伸ばすことを薦める者もいるであろう。そこで教師は回答が自動的に返され，こどもが正しい反応をしていることを確認する。教師は同時に，掛け算の考え方そのものが必ずしも十分に子どもに理解されているわけではないこと，問題となる掛け算的事実が目の前に現れているわけではないことも知っている。教師は生徒に掛け算の意味の理解をするように働きかけるが，掛け算の入門段階では教師はこうした行動主義的な反応で満足する。より熟達した段階では，掛け算の意味を理解するようなより高度な課題を与えていくものである。このあたりのことは興味ある分野の話ではあるが，本書では学習のこうした側面については詳しくは述べないこととする。
　学習理論の中では，構成主義の動向はもっとも理解しやすいもので

ある。その名が示す通り、構成主義は、知識や理解がゆっくりと構成されていくことを示している。「構成」を「建築」とみなして建物のメタファーでいえば、あとでも「足場かけ」ということばを使うが、「学習」という建物を建てる際には、「足場」をかけて、建物建設（学習）の進展を図り、その進展をより進めていく支援システムを用いる。しかし、この構成主義という考え方には、「知識や理解＝学習」という建物を「建てる」ということ以上の内容が含まれており、単なる建築のメタファーでは済まされない部分がある。すなわち、構成主義の学習モデルでは、構成的な学習とは個人的な事柄である、ということを示している。

学習者は、他者と同じ経験群をしても、その時の個々の経験で固有のリアリティを創りあげる。その時もっと重要な点は、個人の持っている先行する知識や理解、経験に基づいて、個々人固有のリアリティを創り上げるということである。これは、全く同じ学習経験（例えば、計画的に教材等が配置された授業など）をさせられている2人の学習者でも、いろいろな要因によって異なる学習結果を得ることになることを示している。とりわけ、そのことがらについてすでにどのようなことを知っていたか、目の前にみせられた知識をどのように解釈するか、その授業のあいだに課せられた活動をどの程度行うかといったことがらの結果として、異なった学習成果を示すことになる。後の章でこの考え方をより詳細に振り返ってみたい。

すでに見てきたように、構成主義的動向は人生や社会についてのより幅広いもののみかたのことである。それは単に学習過程を記述する手段の域を超えている。学習への構成主義的アプローチの始まりはジャン・ピアジェ（Jean Piaget：1896-1980）の研究だとされている。20世紀の中期から後期に活躍したピアジェは、社会的構成主義者ではなかった。しかし彼の、子どもの発達と学習は実は知の構成過程である、という考え方は、社会的構成主義に関連した多くの理論の基礎へと拡張していった。20世紀初頭に秘密主義であったロシアで研究し

たレフ・ヴィゴツキー（Lev Vygotsky：1896-1934）は，いくつかの論考ではピアジェに先んじていたので，ピアジェを最も初期の重要な社会的構成主義者とするのは時代的にはあわないようである。両者は同じような考え方を，時代を異にして並行して進めてきたが，時には相違する見解もあった。

1962年，ピアジェはヴィゴツキーの著作に出会って，自分の考えがまちがいであったことを次のように述べている。

> 自分の著書が出版されて25年も経過してから，その間に亡くなってしまった同僚の著作を発見することほど悲しいことはない。そこにはその著者のその時の関心事が多くにわたって書かれてあり，その内容はそれを見つけた私と個人的により詳細にわたって議論すべきことがらであったのだ。私の友人A.ルリアは，私の著作に対して共感的でかつ批判的でもあったヴィゴツキーの立場を今日までずっと教えてくれていたのではあるが，私はこれまで彼の著作を読んだり個人的に会ったりすることはできなかった。彼の本を今日読んでみると，このことに心の底から後悔した。なぜなら，ヴィゴツキーと私は多くの点で同じ理解をしていたかもしれないからだ。
>
> （Piaget, 1962：p.1）

ピアジェはこうしたコメントを，ヴィゴツキーの『思考と言語』の第2章の手稿と第6章の抜粋を読んだ後に書いているのである。

子どもから青年に至る知能の発達における4つの段階（感覚運動期，前操作期，具体的操作期，形式的操作期）を述べた段階的発達理論とは別に，ピアジェは，個人が新たな情報や感覚データを処理し，それを新たな知識や理解にしていく2つの重要な過程（同化と調節）について述べていることもよく知られている。

1章　序論

学習理論への社会的構成主義アプローチの概観

　社会的構成主義のなかでは，社会的文脈の重要性をきわめて強く主張することをこれまでみてきた。学習を進展させ拡張していくことに影響を及ぼす社会的文脈には2つの側面があることが言われている（Gredler, 1997；Wertsch, 1991）。1つめは，言語や，数のシステム，論理システムといった，学習者自身がいる特定の文化から獲得されたシステムであり，それらは生涯をとおして発達していく。2つめは自分が存在する共同体の中にいる，よりよく物事を知ったメンバーとの社会的な相互作用である。よりよく物事を知った他者との社会的相互作用は，年少の学習者が共同体の中で用いられているシンボルシステム（とりわけ言語体系）の意味を獲得し内面化し理解するためには不可欠なものである。またそれを効果的に利用できるようになるためにも不可欠なものである。子どもにとっては，自分のまわりのそういう人，とりわけ大人と関わるにつれて思考のスキルが発達していく。

　社会的構成主義理論では，共同体のなかで経験されたことが何であるかを理解する際にも，そこで理解されたものの上に作られる知識を構成する際にも，文化と文脈が重要であることを強く主張する（Derry, 1999；McMahon, 1997）。文化と文脈の重要性はヴィゴツキー，ブルーナー，バンデューラらの理論で特に強調されている。

　まず最初に，社会的構成主義の考え方の3つの側面，すなわち，リアリティ，知識，学習について，それらが何を示しているのかについて考察しておこう。

　■リアリティ：社会的構成主義では，リアリティは共有された人間の社会的活動によって構成されていくものだ，と考える。同じ共同体の構成員は，自分たちが共有し，同意したやりかたで理解している世界の特性を「創りあげ」る（Kukla, 2000）。社会的構成主義にとって，

リアリティとはやがては誰かに発見されるものとして外部に存在している実体ではなく，個々人によって創り上げられる「なにか」なのである。個々の人は他者のものとは必ずしも一致しない自分自身のリアリティを創り上げていくので，リアリティというものは，ある個人に届けられるようなものとして事前に存在するわけではない。実際には，個々人の持つリアリティは大変よく似たものではあるが，根本的に異なった経験や事象との相互交渉をした結果，非常に異なるリアリティを持つこともある。

■<u>知識</u>：社会的構成主義では，知識についても次のように言う。すなわち，知識は人間が創ったものであり社会文化的手段を通して構成されたものである，と（Ernest, 1999 ; Gredler, 1997 ; Prawat and Floden, 1994）。個々人の社会的相互作用や個々人と環境との相互作用を通して意味や理解は人によって創られたものである。リアリティが人によって変わるのと同様に，ある人の持つ知識と他の人のそれとは別のものでありうる。知識は時に完璧なこともあり，時には，個人が経験や相互作用をどのように解釈するか，ということに基づいて誤って構成されることもある。そうした知識が，次に個々人の既存の知識と相互作用を起こすのである。

■<u>学習</u>：社会的構成主義では，学習とは社会的過程であるとする。学習は単に個人の過程でもなければ受動的な過程でもない（McMahon, 1997 : Pritchard, 2009）。効果的で持続可能な学習は，個々人が一定の数の他者と社会的活動をしている時，社会的文脈の中にある時，新しく入ってくる感覚入力あるいは繰り返し提示される感覚入力（例えば単語や写真や音楽や物語といったあらゆるもの）が，既存の知識や理解と関係がある場合に生起する。

用語解説（1）

[**構成主義の学習理論**]

学習者は，生活し成長していくなかで，経験に基づいて，自分をとりまく世界についての理解を創り上げていくものである，という中心的な考え方に基づく理論である。われわれは，過去や現在の知識や経験からの情報を選択したり変形させたりして，個人的な新しい知識や理解を創り上げていく。

[**社会的構成主義の学習理論**]

この理論は，この理論自体が本来重要なものではあるが，構成主義の学習理論における1つの下位理論である。ここでは，知識や理解を構成していく過程における他者の役割や，あらゆる形での社会的相互作用の重要さを強調する。

[**社会的学習理論**]

この理論では，学習の手段としての観察と参加の役割を強調する。ここでは他者との相互作用の重要さを排除するわけではないが，社会的構成主義ほどは強調されない。社会的相互作用は認知の発達においてもっとも基本的な役割を演じる，と考える。

[**行動主義**]

この理論は，学習がどのように生起するか，行動がどのように変容されるかについての心理学の初期のころの理論である。こうした行動主義的アプローチが効果的な時もある。たとえばパイロットの訓練などでは活動の正確さや注がれた努力がどの程度効率的に効果を発揮するかなどを考えるのは重要である。また教室での子どもたちの行動や学習をマネージメントしていく際にも，

> 行動主義的な方略を採用することが有効であることもある。

社会的構成主義の考え方と初期の提起者

　構成主義の考え方は，2つの明確に区別できる陣営に分けることができる。1つめは，フォン・グレイサーフェルド（von Glaserfeld）が急進的構成主義としたもので，個々の人間は自分にとってのリアリティを構成していくものだ，とするものである。フォン・グレイサーフェルドは，2つの主要な主張をしている。

(a) 知識は，受動的に受容するものではなく，認知主体が積極的に構築していくものである。

(b) 認知の機能は，そこにある存在論的なリアリティを見つけだすことにあるのではなく，適応的なものであり，経験世界の意味を構成していくものである。

(von Glasersfeld, 1989 : p.162)

　別の言い方をすれば，あらゆる経験というものは主観的であり，個々人の知覚，バイアス，感覚的経験の網あるいは網の束をすり抜けてフィルターにかけられたものである，といえる。心はそれを受け取り，やがてリアリティを持つと考えられるようなものにすべてを組織化していく。

　フォン・グレイサーフェルドの急進的構成主義は，人によっては，社会的構成主義の全体領域に対して異を唱えた構成主義だと見るかもしれない。こうした理由から，社会的構成主義について掘り下げていく前にこうした，構成主義学習理論とは反対側に立つ理論の原理について考えてみよう。

1章　序論

　多くの理論分野においてもそうであるが，ある学派の内部には補い合うような，場合によっては対立するような立場が存在するものである。卑俗な言い方をすれば，構成主義学習理論は，いわゆる「急進的」なものと「社会的」なものに2分される。急進的構成主義も社会的構成主義もいずれも，客観的なリアリティは直接得られるものではないこと，そして，あらゆる種類の感覚入力や，それと既存の知識との相互作用に基づいて世界についてのものの見方を構成していくのだという主張をしている。急進的構成主義では，人は世界に対する個人のものの見方をひとりで発達させていくのだと考える。一方，社会的構成主義の陣営では，自分の身のまわりのことがらについての知識は，他者との会話すなわち社会的相互作用を通してのみ構築されるのだと考える。

　社会的構成主義では，リアリティについての個人的あるいは共有した解釈や理解を発展させていくには，文化や文脈の役割が重要であることを強く強調する。社会的構成主義は，その大部分が，ピアジェやヴィゴツキー，ブルーナー，バンデューラらの研究から起こってきたものである。学習や経験における社会的要因を強調する構成主義の一派は，少なくとも1つの重要なことがらを急進的構成主義者の人たちと共有している。すなわち，リアリティは人間によって創られる，という1点である。しかしながら社会的構成主義からすれば，こうして構成されたリアリティは，社会的な構成物（言語など）がなければ存在しえないものだ，ということになる。知識は社会的所産であり学習は社会的過程である。それは言語という本質的に重要な媒介物に支えられた社会的相互作用で磨き上げられていく。意味や理解というものは，社会的な相手との同意から創りだされるものである。

　ヴィゴツキーの「発達の最近接領域（ZPD：図1.1参照）」の考え方は，すべての社会的構成主義的学習理論にとって中心的な位置を占める，非常に重要な概念である。ZPDでは，人が自分自身で学べることがらと，よりよく知った他者に支えられて学べることがらとを区別し

ている。個人のZPDの内部で学習過程において適切で時宜にかなった介入をすることが，社会的構成主義のアプローチで教育をしていく教師にとってきわめて重要な方略となる。ヴィゴツキーの社会的構成主義の考え方，とりわけZPDの概念は後に詳しく取り扱うこととする。

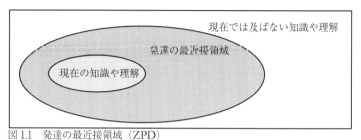

図1.1 発達の最近接領域（ZPD）

ピアジェの発生的認識論 1: シェマ

発達心理学でのこの領域の表題（「発生的認識論」）は，生物学や生体の成長に関するピアジェの関心や研究経歴にその起源をもつ。ここでは，知識（もっと広く言えば「認識」）の誕生と成長（これを「発生」とする）について語っている。発生的認識論では，個体がまわりの環境とのかかわりのなかでどのように知識を構成していくかということに関心をおく。発生的認識論では，知識を獲得する過程がどんなものであったか，が，結果として得られた知識が妥当なものであるかどうかを示すもの，とみなす。

知識や理解の発達についてのピアジェの研究は，個人が感覚器で情報を受容する際には常に，無意識にその都度それを活動に変えていくという一群の過程が存在する，という基本的な考え方の上に立っている。実際にこれはあらゆることがらにあてはまる。この過程を説明するには，ある感覚情報に出会いその後，それによって起動されあとに続く心理過程にどんなものがあるかを素描してみれば簡単にわかる。

ピアジェは，学習はどのようにして起こるのかということについて

の3つの本質的に重要な過程について，発生的認識論の立場から説明している。同化，調節，均衡化，の3つである。これらを説明する前に，ピアジェ理論の統合的な概念であるシェマについてみていこう。

■<u>シェマ</u>：ありとあらゆる生命を持ち思考する存在は，自分の日常的な環境の諸事象を解釈する際に用いられる「スクリプト」「スキーマ」「シェマ」等とよばれるある種のしかけを持っている。シェマは知識が統合的にネットワーク化されたものであり，長期記憶に蓄えられている。それによってものごとを思いだしたり，理解したり，新たな期待をもったりできる。シェマが形成され，徐々に相互の関連づけがなされるようになってくるにつれて，時間の経過とともに世界のことがらに徐々に慣れ親しみ，理解しやすいものになってくる。

シェマは，個人がどのようなトピックに直面した時にでも持つ，そのトピックについてのあらゆる知識の表象モデルである。シェマはテーマやトピックのまわりでつくられる。すなわち，シェマの個々の構成要素はそのテーマと関連付けられる。たとえば，単純なレベルでいえば，年少の子どもが持つ車についての知識は，車はどこにでもいけるもの，運転しなければいけないもの，赤いもの，独特のにおいのあるもの，後部座席には子ども用の席があること，トランクには荷物を積み込むことができる，などである。その後，車に関係することがらを経験する——クラクションを鳴らす，別の色の車を見る，ブレーキからのキーっと鳴る音を聞く，など——たびに，こうした新しい情報が車について持っていた最初のシェマに付け加えられる。こうした車のシェマは，車に関連した他のトピックが共通に持っているもの——たとえばタンクローリー車のシェマ，バスのシェマ，赤い色のシェマ等々——に基づいて関連付けられていく。[*2]

---

*2 シェマとシェマの間の共応。

われわれの持っているシェマは非常にたくさんあり，常に成長しているものであり，自分の持っているシェマ内あるいはシェマ間で多くのつながりを持っている。そうした状況をしっかり理解するのは困難であり，おそらくそれは，これが実際には概念モデルであることから生じるものであろう。すなわち，この概念モデルは，単純な初期レベルの活動を説明するには有意義なものではあるのだが，われわれの生活の高度に複雑な領域の中にある非常に複雑な活動や，おびただしい数のつながりを持つ活動をモデル化しようとするときなどには不十分であることもある。

　新しい情報が処理されると，それが既存のシェマにどの程度あてはめられるかが見積もられる。多くの場合，新情報は既存のシェマに十分には適合しないことがある。このことは，人間は，新しく入ってきた情報の意味特性に関連しそれがなんであるかを明らかにするような既存の知識をほとんど持っていない，あるいはまったく持っていないことから生じる。ある経験をしたとき，とまどったり驚いたりするのがこのケースである。そうした経験をすでに「知っている」ことがらと関連付けたりすることをたやすくはできないからである。こういうとき，すでに持っているシェマに新しい情報を付け加える（同化）か，その経験から得た新しい事実を受け取るようにシェマを変更する（調節）かのいずれかの道をとる。自分の心理的な状態の均衡，すなわち矛盾や対立を克服する努力をしなくてもいい状態を保つためには，同化か調節を行わねばならない。しかしながら，同化，調節ではなく否定そのものがおこなわれることもある。たとえば，3輪の車をみた時「あれは車ではない。なぜかというと，車輪が3つしかないからだ」，などという風に。

　バートレット（Bartlett：1886-1969）は，スキーマ（英語圏の研究であるのでシェマではなく，スキーマとする）[*3]についてより広い研究をおこない，著作を著わしている（Eysenc, 2004を参照）。その1例は物語の想起に関連したスキーマの特徴に光を当てた研究である。物語

を思い出すとき,われわれはスキーマに依存している,と論じる。これは,彼の実験で,被験者が異なる文化の中で物語を思い出すときの実験結果に基づいている。

バートレットの解釈によれば,この実験の被験者が犯したエラーの特徴は,「思い出す」という形で新たな理解をしようとする際のスキーマの用いかたやそのスキーマに含まれている先行知識の重要さに依存している。エラーのタイプには,合理化,平板化(flattening),尖鋭化(sharpening)があった。自分たちの所属する文化からみてより典型的な内容の物語に変えて読む条件では,もっとも一般的なエラーは合理化のエラーであった。平板化のエラーは,自分たちの文化になじみのないことがらを詳細に思い出させる条件で多く現れた。尖鋭化のエラーは逆に,より親しみやすいことがらの詳細をより精緻に思い出すというエラーであった。それぞれの被験者は,「こういう事柄があったにちがいない」という自分自身の期待に沿って物語の細部を再構築していたのである。これはすなわち,自分自身の持つ個人的なスキーマの構造に基づいて想起したことになる(Bransford, 1979:p.159)。彼らは,既存のスキーマに新しい情報を適合させていたのである。バートレットはこのことを1932年に報告している。バートレットは実験結果から,理解や想起の際のスキーマの役割とその特徴について論じた。この実験での被験者は,自分の文化とは無縁の情報を,自分の(英語圏の)文化に強く根差したスキーマに関連付けようとしていたのである(Bartlett;Anderson, 1990の中の記述)。

---

* 3 心理学ではピアジェのshemataはフランス語でシェマと表記され,バートレットに代表されるschemaは英語でスキーマと表記される。いずれも基本的には同じ意味合いを持つが,シェマはピアジェの固有の概念として用いられることが多い。

※注 この場合3輪の車を自分の「車」のシェマにとり込めば「同化」,「車」を「3輪もあり得る」と捉え直せば「調節」となる。

ピアジェの発生的認識論 :2 同化, 調節, 均衡化

■同化：ピアジェの用語では、同化とは新しい情報を収集し分類することである。すでにみたように、シェマとは個人が何を知り何ができるかを示した構成概念であり、そのシェマに共通のテーマによって互いにつながりを持った個々の知識によって成り立っている。新しい情報——屋根のない車、花で彩られた車など——にでくわすと、それは既存のシェマに付け加えられる。これが同化である。しかしながら、新しい情報が、すでにある知識の一部としてなにも矛盾を生じないときでも同化は生じる。新たにはいってきた情報が既存のシェマと矛盾せずもっともらしい場合、あるいは明らかに矛盾しているにもかかわらずなんども現れた場合——たとえば「車にはトレーラーがくっつけられている場合もあることを知らなかった」ような場合——、そのスキーマは追加され、そういった情報は同化される。この過程は調節の過程と緊密につながっている。

■調節：新たな矛盾する情報と直面した際に、その情報を受け入れるためにシェマを変更する機能である。先の例で、車には3輪のものもある、と「車」のシェマをかえることになる。子どもは、4輪の、いわゆる車の形をしたもの、あるいはその他のいつも目にする特徴で「車」というものを知る。いつもそれを見るたびに子どもは「車」ということばを発し、「そう、車だね」と正のフィードバック情報をもらう。過去にあった、3輪のモデルのようなあまり一般的でないものを初めて経験した時、年少の子どもがこれを、その時持っていた「車とはどんなものか」についての理解と関連づけることができるとは思われない。子どもはその車を指さして、この新しい型のものが実際に車であるとは認めないものだ。おそらくそれを否定する時間がある。その後、かなりの時間にわたって、調整の時間が続く。そして最後には、経験に基づいて、3輪の車も「車」というシェマに付け加えられ、バ

イク / 3 輪といった他のシェマと関連づけられ，概念との矛盾は解消される。生命を持ち思考する存在としての我々は矛盾のない状況を目指すのである。この意味で人間は均衡を目指すのである。

■<u>均衡化</u>：心的表象（シェマ）と環境（エイリメント）との間[*4]に何も矛盾が生じていない状態を示す。同化と調節の連動した過程が均衡化の過程である。均衡化の段階は3段階ある。最初は，自分の思考のモードに満足し均衡の状態にある。次に，現在の思考で足りないものや矛盾に気づくと不満の状態になり不均衡な状態になる。ここで認知的葛藤が生じる。3番目に，われわれはより高度な思考のモードに移行する。こうして以前のモードでの矛盾を取り除き，そうした方法で再び均衡をとりもどす。ここで認知的な葛藤が処理され解消される。人間はだれしも，これに似た状況の事例を幼少期やそれよりあとの人生の中で思い出すことができるものだ。

シェマは行動や状況の解釈のときだけではなく，その予測をするときにも用いられる。他者がしゃべったことが必ずしも完全に意味をなしていないのにその他者が何をしゃべったかがわかるような状況を想定してみよう。「それ」とって！と言われたとき，ある状況下では何を言われたかが分かることはよくある。「それ」とって！と言った時，流しの下にある汚水管のネックを締める作業をしている場面であれば，「それ」が何を意味しているかを正しく予測し，スパナであることを正しく解釈することができる。シェマにあわない情報が理解されることはないし，それが正しく理解されることはまずない。読者があるテーマについて書かれたテキストを読む際，そこに書かれた個々の単

[*4] ピアジェの理論は，主体側のシェマ，環境・外部側のエイリメントという概念を理解すると，以下の同化、調節も理解しやすい（Piaget,1975；田中,2012参照）。シェマとエイリメントは，相互に作用しあいながら感覚・運動的なものから形式的操作が可能な抽象的概念・記号・シンボル操作に変化していく。

語や文の意味がわかり理解できていても，そのテーマに慣れ親しんでない場合には，そのテキストの理解に困難を感じるのはこうした理由による。

ピアジェの発生的認識論では，人間は生まれてから生涯，どのような知的発達をしていくのかについても説明されている。前に簡単に述べたように，4つの発達段階が示され，子どもの知的成長がそれに沿って説明されている。4つの段階とは，感覚運動期（誕生から2歳まで），前操作期（2歳から7歳まで），具体的操作期（7歳から11歳まで），形式的操作期（11歳から大人まで）である。この発達段階は1950年代から60年代の教育実践に多大な衝撃を与えた。しかしながらそれは広範にわたって見向きもされないものとなり，ピアジェの仕事の中ではあまり重要視されなくなってきた。新たに行われた研究で，発達は年齢を限定して不連続に発達段階を描けるほど単純なものではないし，少なくともピアジェが言うほどかたくなに直線的段階移行をするものでもない，ということがみえてきた（Donaldson, 1978を参照）。

ヴィゴツキーの社会的学習理論

20世紀初頭に活躍したロシアの心理学者，レフ・ヴィゴツキーは，母国でその講義録が出版されて何年もしてから西欧で知られるようになってきた。ソビエト（USSR）時代の秘密主義によって彼の著作は，長い間翻訳されることもなければ有効に使われることもなかった。しかしながら，その社会的発達の理論，とりわけ社会的文脈の中での学習についての著作は現代の教育思想や実践にとって中心的な役割をはたすことになってきた。

ヴィゴツキーは，認知発達や知性の成長にとって社会的相互作用はもっとも基本的な側面であるとしている。ヴィゴツキーは学習者と他者との間の会話その他の相互交渉に非常に重みをおく。それを以下の

ように述べている。

> 子どもの文化的発達におけるあらゆる機能は2度現れる：一度は社会的レベルにおいてであり，2度目は個人的レベルにおいてである。すなわち最初は人と人の間（心理間的）であり，次にそれはその子どもの内部（心理内的）で機能する。これは自発的注意や論理的な記憶，概念の形成といったすべての現象において等しくあてはまる。あらゆる高次精神機能は個人と個人の間での実際の関係として発生してくるのである。
>
> (Vygotsky, 1978：p.57)

ヴィゴツキーの研究でもう1つのきわめて重要なものは，認知発達や学習がどのようにおこなわれるかについての可能性はZPD（発達の最近接領域）の移行がどのようになされるかに依存している，という考え方である。ZPDというのは，学習者が理解できそうだがまだ理解できてない，現在の，理解にきわめて近い領域を示した理論的な概念である。学習者が「今より先のレベル」を目指すなら，この領域にくるよう手助けを受け，それを超えて新たなより高いレベルに到達する必要がある。この新たなレベルには当然新たなZPDがあり，どの段階においてもよりよく発達をしていく能力が備わっていることを示している。ヴィゴツキー自身の表現でいえば，

> ZPDとは，問題解決状況において大人の指導やより有能な仲間との協同作業のもとで決められる発達可能性のレベルのことである。子どもが他者の援助のもとでどんなことができるかは，ひとりでどんなことができるか，よりはある意味でよりその子の精神発達の状態を示したものであるということができる。
>
> (Vygotsky, 1978)

ということになる。

　この、発達の最近接領域をうまくタイミングをあわせて移動していけるかどうかは、そこでどのような社会的相互作用がおこなわれるかに依存している。学習者がある状況においてZPDを超えていく際には、その学習者の学習を促進するようなある種のサポートをしてくれる、よりよくものごとを知っている他者の援助が必要である。ある意味で、うまく調整がいきとどいた社会的相互作用が学習の進展を促進する道具となるのである。この点については、「足場かけ」という概念で知られた他者の支援の特徴について、本書の後の方（第3章）で詳しくみることにする。ZPDを超えて進歩していくという考え方は学習にとって中心的な考え方であり、社会的な学級という文脈においては足場かけの役割を担うのは教師だけではないが、教師であることが多い。教室での学習状況においては足場かけを担う者の役割は複雑な形で機能する。足場かけの特徴と教師が実際に行う足場かけの介入方法については後に詳しく見る。ここでは、足場かけを担う者は必ずしも教師や大人でなくてもいいのだ、という興味深い点をのべておくにとどめよう。「よりよく物事を知っている他者」という表現で、他者との社会的相互作用をすることがヴィゴツキー的な学習を支える潜在的可能性を秘めている、ということを示している。これは、教室でのグループやペアでの活動についても言えるし、公園や自宅その他あらゆるところで友人と2人で、自由に興味ある話題についておしゃべりしている状況においてもあてはまる。

ブルーナーの学習理論

　ブルーナーは20世紀全体にわたって幅広く活動し、教育学、心理学理論に一連の非常に重要な貢献をした。その業績はあまりにおおきいのでここでは詳細をのべることはしないが、学習をアクティブで社会的な過程としてとらえている点についてはみておこう。

ブルーナーの研究の1つの主要なテーマは,学習はアクティブな過程で学習者は今持っている知識や既存の知識に基づいて新しい考えや概念を構成していくのだ,ということにある。学習者は自分の持っている内的な認知構造を参照したりそれに依存したりしながら情報を選択し変形させ,仮説を形成し最終的な意思決定をする。自分が参照するこの認知構造はいろいろなスキーマのネットワーク構造をなしており,それによって経験に意味や構造化が与えられ,より先にすすんでいくために既知のことがらを土台にして知識を構成していくことができる。

　教えるという点についていえば,ブルーナーは,教師は生徒が自分でいろんな原理を発見していく手助けをしなければならない,と考える。教師も生徒もこの目的を達成するためにアクティブな意見交換をすべきである,と。教師の役割は,学習者が学ぶべきどんな情報についても学習者の現在の理解の状態にみあった形に変形していく過程を援助することである。ブルーナーは,カリキュラムは螺旋形に構成すべきであると主張した最初の研究者である。その螺旋形のカリキュラムによって生徒は継続的に色々な考え方や事実に立ち戻ることができ,以前学習したことの上に新たな学習を構築していくことができるのである。

　ブルーナーにとって,学習とはアクティブで社会的な過程であり,それによって学習者は現在持っている知識を基盤にして新しい考え方や概念を獲得することができるのである。他者との社会的つながり——通常の教室での学習では教師という他者とのつながり——がこの過程のカギとなる要因である。生徒はたいてい無意識のままに情報を選択し,仮説を形成し,これを既存の知識や心理的構成概念すなわちスキーマに統合していく。他の社会的構成主義者と同様に,ブルーナーにとっては言語という媒体が非常に重要な地位を占める（Bruner, 1983 ; Berliner, 1998）。

バンデューラの社会的認知理論

バンデューラは,社会的認知理論を発展させた。その一部の考え方はピアジェの初期の著作に敬意を表したものである。彼は,他のすべての構成主義の考え方の者と同様に,学習はアクティブな過程であると考え,学習における社会的な性質の重要さを強調した。

バンデューラの主な理論的信念は完全に社会的構成主義の考え方と一致している。彼は,人間は孤立して生活しているのではないことを指摘する(Royer, 2004)。それを「集合作用(collective agency)」とし,これは人間個人の「個人作用」から拡張されたものである。集合作用とは,人間は共有された信念や共通の要求を持ってともに働き,自分たちの人生をよりよいものにしていくという考え方である。バンデューラ(Bandura, 1997a)の『自己効力感:統制の発揮』では,自己効力感についての理論を紹介し,それが教育,健康,精神病理,運動,ビジネスや国際問題についてまで応用できることを述べている。

バンデューラは,人々は日常生活の中で観察することから役割モデルを学ぶ,とし,次のように述べている。「人は,自分がなすべきことを自分自身の行為からしか学ぶことができないのだとすれば,そうした学習はそれが成立したりしなかったりするという危険なカケであるだけではなく,おそろしく骨の折れる事柄になってしまう(Bandura, 1977 : p.22)」。[*5]

[*5] ここから,もう1つ別の学習の形式,すなわち,観察学習の理論につながっていく。すなわち,自分自身の行為から学ぶだけではなく,他者の行為を観察することからも学習が成立することを述べている。

状況学習論

　バンデューラの観察学習という考え方は社会的構成主義の持つ別の側面ともつながりがある。それは状況学習論（Lave and Wenger, 1991）という理論のなかにみられる状況性という概念とつながりがあり，ここではごく簡単にみておこう。

　状況学習あるいは「徒弟制モデル」という言い方で表現されているのは，学習は高度な社会的状況において生起する，という考え方である。この「社会的」ということばは，2人以上の人間が集まりいろいろなやり方で関わっているという状況を示しているが，その関わり方をより特化して言えば，そこに参加している人が学習を行うようになることを励ますような関わり方をしている，という意味である。「徒弟制」という用語は手工芸や他の肉体労働の仕事などで用いられる，親方と若い徒弟との間でおこる伝統的な学習のさまを示す際に用いられる。徒弟はある意味，見て学ぶ（バンデューラの観察学習を参照）。徒弟は，自分の努力を，高度なスキルを持った親方から新しいスキルを習得することに向ける。学習の進行としては親方からの例示や教示が与えられ，その後弟子は親方のまねをしようとし，さらに多くの実践が行われる。弟子が純粋に親方に近づきたいと思っている場合，あるいは親方との関わりが強い場合，弟子は当該のスキルを獲得することができるようになると考えられている。

　正統的周辺参加（LPP）の考え方もこの理論から派生している。集団の年少の成員が，その集団で共有されているスキルを学習したり知識を獲得したりすることが期待されている社会集団では，その年少の学習者は正統的参加者である，といわれる。学習者はその集団の中心的な成員ではないことから，その学習者は周辺的成員と呼ばれ，このことから，彼は正統的周辺参加者，であるということになる。こうした中で学習の進展がどのようになされるか，ということについては，

異年齢集団で年少者がゲームのスキルやルールを学ぶ状況を考えてみればいい。年少の子どもは，そのゲームのスキルを持ちルールの理解をしている年長者の集団に参加することにより，それらを学ぶ。

　このように，社会的構成主義のもう1つの重要な考え方は，この状況学習論の考え方であり，これは，「ほんものの学習」という考え方として紹介されたり，それと関連付けて語られたりする。ここでは，学習者は，現在の学習に使える活動や，将来，慣れ親しんだ文化やよく似た同様の文化の中で使えることになるかもしれない活動を行うものである。*6

＊6　片平（2009を一部改変）における「生活的状況」のなかでの学習活動でその「ほんもの性」が保証される。

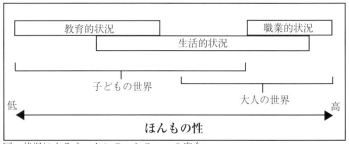

図　状況によるオーセンティシティーの度合い

1章 序論

用語解説（2）

［発生的認識論］
　ジャン・ピアジェによって展開された発達についての一般的な理論的枠組みである。認知構造という概念に焦点をあてる。認知構造とは，知性がどのように働いているかとか子どもがどの発達段階にあるかを示す身体的あるいは心理的活動のパターンのことである。

［シェマ］
　シェマとは，世界をどのように心理的に表象しているか，あるいは見えている世界を示す概念である。シェマは，個々人の概念や知識，活動を示し，個人が新しい情報に出くわしたとき変更されうるものである。

［同化・調節，均衡化］
　同化は，シェマが再組織化され拡がっていくことである。新たに入ってきた情報は既存のシェマと矛盾しない限りそれは同化される。新たな矛盾した情報が入ってきたとき，シェマは変更・再構造化される。これが調節である。均衡は，シェマが矛盾する情報と直面していない，バランスのとれた状態のことである。人はもともと，均衡状態を求めるものである。

［発達の最近接領域（ZPD）］
　ヴィゴツキーの社会的構成主義の中心概念である。これは，学習者が完璧に知り分かっていることがらを少し超えた，概念的に設定された知識や理解領域のことを示す。他者の援助があれば，自分ひとりでやる時よりもよりうまくこの領域に移行できる。こ

の領域を切り抜けることができれば，もう少し先の新しい領域が現れてくる。発達はこのように進んでいく。

［心理間的］
人と人との間（社会的地平）で生じる心理的活動を示すヴィゴツキーの用語。思考や考えが最初に生じる地平のことを示す。

［心理内的］
人の内部でのみ生じる心理的活動を示すヴィゴツキーの用語。考えが内化され，よりよく理解されていく個人的活動である。

［状況学習］
学習は通常，特定の文脈や文化の中で行われる活動の結果として生まれるものだ，という考え方。学習はそれが行われる場所，時間，文化との関係の中で生じる。多くは意図的なものではなく，無意図的に行われる。

［徒弟制］
学習理論の観点からみれば，これは熟達者と初心者の関係を示す。観察したり徐々に参加の程度が高くなることによって，初心者は熟達者の行動や言葉から学び，場合によっては教えてもらったり見本を見せてもらったりして学ぶこともある。このモデルでは学習成立のために形式的な教授・学習状況（学校・教室など）を必ずしも必要としない。

【要約】

● 構成主義の動きには長い歴史があり,人間の生活の多くの領域で影響力を持ってきた。

● 学習の観点から構成主義をながめると,人間は,自分が過去に経験したこととの関係で情報を収集し統合することで自分のまわりの世界についての知識を構成していく,ということになる。

● 社会的構成主義は,社会的つながり,相互作用,文脈が重要であるとする諸学派を包括している。

● 社会的学習理論では,自分の身の回りの人との社会的相互作用が,仮にその関係性がどんなものであったにせよ,学習に対して重大な影響力を持つそのあり方について解説している。

● 発展課題 ●

▶ この章の内容に照らし合わせて,学習がどのように成立するかについて心理学では初めどのように説明していたのかということと,構成主義的説明との主要な違いを考えてみよう。

▶ 構成主義理論の中での異なる流派について比較してみよう。

2章 研究
現在，最近，過去の実践から得られたエビデンス

【本章のねらい】

　本章では，学習活動における社会的な側面についての研究を多く紹介します。学習活動は一般的に知的な知識やスキルの獲得，と考えられがちですが，同時に，対人関係や情緒的側面についても学習します。こうした学習の社会的・情緒的側面について伸ばしていこうとする研究を紹介します。また，そうした社会的構成主義理論の背景にある信念や考え方を明らかにします。

　本章では，社会的学習が行われている教室での研究をながめていく。ここで引用される事例は，最近のまたは現在も行われている教室実践を振り返った，定評のある心理学者・教育学者の研究である。5つの異なる経験的エビデンスでそれぞれの領域での異なるアプローチを紹介している。これらはのちほど第3章で理論にまとめあげられていく。

　社会的構成主義が出てくる前まで多くの理論では学習における重要な側面を無視してきた。すなわち，社会的側面である。本章では数多くの経験的実証研究を通して学習の社会的側面に関する重要な問題点を描いていこう。以下に紹介する研究事例は学習を成立させる社会的相互作用や，学習を高める社会的文脈の利用に焦点をあてたものである。

　最近では構成主義の考え方それ自体がもつ広範な特徴によってそれが研究そのものにも影響を及ぼし，現在もなお及ぼし続けている。とりわけ教室を基盤にした研究ではその傾向が顕著である。社会的構成主義の持つ広範な特徴もまた教室実践に影響を与えている。本章の目

的は，理論をどのようにして構成するのか，教育方法をどのように根拠づけるか，そして最後には教授方略をどのように進化させていくか，についての経験的エビデンスを紹介することにある。

教室での成績と社会的相互作用

ここでは，教師が生徒の社会的コンピテンスをどのようにみていて，それが学習活動にどのような意味をもつのか，という実証的な研究例を紹介する。メーガン・ワイト（Megan Wight）とクリスチャン・チャッパロ（Christine Chapparo）は，学習と社会的相互作用スキルの関係を明らかにした（Wight and Chapparo, 2008）。ここでは2群の生徒での比較研究が行われた。一方のグループは教室での成績がいい[7]グループで，もう一方は成績の困難さを伴うグループであった。彼らは社会的コンピテンスの尺度を用いて，社会的コンピテンスと学習成績の間には相関がみられること，そしてさらに重要な結果として，社会的コンピテンスを伸ばすと学習成績にも有益であったことを見出した。彼らは学習面と社会性の面を測るのに「スキルストリーミング」（McGinnis and Goldstein, 1997）という社会的コンピテンスを測るものさしを用いた。このものさしは，教室での学習にとってきわめて重要な側面である，教室での実際の行動と能力を測るもの（教師—学習者間の教え—学びの関係），友人関係を測るもの（学習者—学習者関係），生徒個人内の感情や攻撃性，ストレスを測るもので構成されていた。この研究から，次のようなことについての実証的な結果が得られた。

---

*7 Success は日本語に訳しにくい言葉である。単純には「成功」であるが，何をもって「成功」とみなすのかによって訳がことなる。Classroom Success は School Success と同様，「そこでうまくやっていけること」は結果的にいろいろな意味での「成績」に現れるので，本書では「成績」と訳すこととする。be successful で「好成績を収める」となる。一方で，「うまくやっていく」「首尾よくやっていく」としたほうがいい場合にはそのようにしている。

すなわち，教室での成績は，

①その学習者のもっている対人的スキルおよび実際に他者とどのようにかかわっていくのかというそのやり方

②教師からの外発的な動機づけをどのように処理できるかという，生徒の，外部からの要請に対応できるスキル

③学習の情緒的側面とつながった教室での取り決めや校則，対人関係スキル

と，密接な関係があるという考え方を支持する経験的エビデンスを提供してくれた。これは，社会的相互作用のありかたと学習成績との関連性を示しているものである。この研究から，学習困難のある男子生徒たちは，模範的に好成績な同年輩の子どもと比較して，教師からは，複数の領域で社会的パフォーマンスがまずい，と認識されていることがわかった。こうした知見には，子どもの社会的パフォーマンスのまずさが学習活動や授業参加へ負の効果を及ぼし，その結果，子どもの中にはそうした社会的コンピテンスの低さが専門家の臨床的評価や治療の対象となってしまうこともある，ということが示唆されている。

こうした社会的相互作用のモデルは個々の生徒について焦点化してみていく必要がある。生徒と教師の間には2通りの関係のしかたがあり，教師が個人の生徒に対して発したコミュニケーション行動と，クラス全体に発したコミュニケーション行動とを必ずしも分けて考える必要はない。生徒がそうしたコミュニケーションをどのような社会的気づきのレベルでとらえるか，ということがその生徒の教室での成績の決定的な要因となっているのである。生徒は他の生徒とさまざまな関係性をもっているものであり，同時に，自分は全体としてそのクラスでどのような位置づけにあるのか，ということも知っているものである。ここでも，その違いに気づいているかどうかによって個々の生徒の社会的気づきのレベルが決定される。教室内での相互作用についてのこのモデルを使って，教室のなかで起こっていることを解釈しそこからそれを理解することができる。

教師の「スキルストリーミング」チェックリスト（Wight and Chapparo, 2008: p.260）では，教室での成績に影響を及ぼす社会的スキルについて以下のように下位尺度を5つ見出している。

■期待されていることをする（「教室での生き残りスキル」と記述）。
■友達をつくる。
■気持ちをうまく処理する。
■むかつき（aggression）をうまく処理する。
■ストレスをうまく処理する。

このチェックリストは，社会的な活動が大切だと方向づけられている教室でうまくやっていけるコンピテンスを生徒が持てるようになることを支援している。[8] もう1つの経験的エビデンスは，学習の社会・情動的側面（Social and Emotional Aspects of Learning :SEAL）についての研究であり，次にみていこう。

学習の社会・情動的側面 (SEAL)

学習の社会・情動的側面（SEAL）[9] は，イギリスで始まった1つの学校教育についての先導的取り組みである。ここでは，学習の社会的・情動的・行動的側面をはっきりと見える形で促進しようとする枠組みが提唱されている。その意図は，これによって学校の改革——例えば行動の改善，出席率の向上，学習の進展——を行っていこうというものである。こうした教育開発の動きは，2003年9月のECM, 翌年

---

*8 その意味で，「研究」が実践に影響を与えている，と言える。
*9 SEAL（Social and Emotional Aspects of Learning ; 社会性と感情の学習）プログラム。

2章　研究

3月の第二段階の ECM, 2004 年の「子どもの行動計画（Children Act）といった他の企画とともに、子どもの教授法にふたたび焦点をあてようという時代に発生したものである。2003 年の労働党大会でトニー・ブレア首相が始めた個性化教育施策では「中学校ではすべての子どもに個性化学習を」（Blair, 2003）と述べられている。この政策は公共政策部門（DCSF, 2009a），国家戦略局（DfES, 2005a, b），バイロン・レポート（DCSF, 2008）と幅広くのちの歴代の首相にも引き継がれた。そうしたことがらを動機づけたのは,「大人が社会でうまく立ち振る舞えないのは子どものとき学校でうまくいかなかったからだ」という一般的に受け入れられた認識であった。学生時代の反社会的行動パターンは大人になってからの反社会的行動の予告となっている、という考え方は研究成果からでも支持されている（Farrington, 1988; Robins, 1986）。反社会的な大人のほとんど全員が、子ども時代いい行動がとれなかったという研究（Robins, 1986）によって、公共サービスとりわけ教育の領域で、子どもや年少の者の社会的・情動的福利を向上させる政治的判断をする動機づけが高められた。

　本節では、社会的・情緒的発達の領域での研究をながめ、それが社会的存在としての学級でいかに大切であるかをみていく。それを下から支えている実証的な証拠は、いろんな研究についての研究、いわゆる「メタ分析」を通して得ることができる。他の諸研究を研究していくことからでも経験的なエビデンスは得られる（メタ分析）のだということを示すために、比較対照的な分析をここでは用いる。

　最初の事例は、学力的・社会的・情緒的学習協同機構（Collaborative for Academic, Social, and Emotional Learning :CASEL）が国立青少年精神的健康促進・暴力防止機構（National Center for Mental Health Promotion and Youth Violence Prevention :NCMHPYVP）と協力してアメリカでおこなわれたものである。ここでは、最近の思潮や流行を反映した最新の文献を系統的にレビューして実証的な諸事実を引き出している。このメタ分析では、研究者たちは統計的手法を用い、数多くの介入的研

究の中から重要な要因を見つけだしている。その後そうした諸研究を通して得られる平均的な影響力を推定している。ここでは207研究，288,000人の生徒が対象となっている。膨大な数の学術文献を眺めてデータから概観を引き出すことは，教室での実践を観察することと，理論的な構成概念を開発し，将来の教室実践の方針や原則を作っていくステップの中間的ステップとして重要である。こうした分析によって次のようないい実践例が明らかとなった。

> 教室での不品行や攻撃行動といった問題行動は9％減少した。不安やうつ症状といった情緒的苦悩は10％減少した。自分や他者，学校に対する態度の改善は9％みられた。社会的スキルや情緒的スキルの改善は23％みられた。学校や教室での行動の改善は9％みられた。到達テスト得点の改善は11％みられた。

（CASEL, 2008: p.2）

研究によって見出された良い実践には次のようなものがある。

■教授方略がうまく進めば，生徒は自分の情動を知り統制でき，他者を気遣うことによって倫理的に責任を持って行動でき，その結果いい関係性を築くことができる。生徒たちは，学校でうまくやっていけることは社会生活での成功につながるのだ，ということが分かる。こうしたスキルを持たない者はあまり成功しない。
■社会的・情緒的側面の教育プログラムがうまく進めば，生徒やその他の人々は，評価過程の大切さや，それらが生徒の福利にどれほど貢献するかということが分かる。CASEL研究は「危機にある国家：教育改革の課題」の出版（A Nation At Risk: The Imperative For Educational Reform,1983）や教育の高度化国家委員会（National Commission on Excellence in Education, 1983）が学校・

地域・州の情報公開を通して説明責任を果たすためにハイ・ステークスなテスト*10を実施したのちに続いて出された「ひとりの子どもも置き去りにはしない」(U.S. Department of Education, 2002) 政策のなかで行なわれている。子どもの福祉のいい面は、官製テストの結果で測ることができるというとらえ方 (Brown, 2008: p.106) は、CASEL (2008) 研究がおこなわれるまで一般的に受け入れられた考え方であった。

■社会的・情緒的学習についてのさまざまな素晴らしい実践には様々な形態、柔軟性、相違点、包括性があることがみえてきた。もっとも大切なことは、社会的・情緒的学習を促進することの目標は、学校の持つ学業成績確立という方針と別なものでもなければ相容れないものでもない、ということである。これは伝統的な教科学習と並んでまたその中で教えられるものである。こうした、教育にとって有効な社会的・情緒的学習は、お互いに支えあうという雰囲気の中で行われ、学業成績を伸ばすことに向けて、他者を配慮し、安全で、相互支援的で援助的な学級風土を育てる。

こうした諸知見は、教室への介入が重要であるという有無を言わせぬエビデンスであり、このことは本書の後の章で述べる。CASEL 研究によって、効を奏する教育プログラムには4つの特徴があることが明らかになった。頭文字をとれば SAFE である。すなわち、継続的におこなわれ (**S** equenced)、アクティブであり (**A** ctive)、活動の内容が焦点化され (**F** ocused)、明確に表現されている (**E** xplicit) ことである。

　　継続的に一群の活動を行い、ひとつひとつ SE（社会的・情緒的）

＊10 高い利害関係や重大な結果をもたらしたりする可能性の高いテスト。センター試験などがその典型。

スキルを伸ばしていく。次に生徒がその SE スキルを使う機会を与えるような役割演技とか繰り返し行動とかのようなアクティブな学習活動を行う。次に SEL（社会的情緒的学習）に注意を集め，SE スキルを発展させるために少なくとも 8 つのセッションをこなす。そして最後に，発達にとって必要な特定の SE スキルの獲得を明確な目標として明示する。そのスキルはその教科での学習目標にとっても重要なスキルである。

（CASEL, 2008: p.2-3）

　社会的・情緒的学習が学校での成績につながるという経験的な根拠は次々に発表される多くの研究成果の中にある（Adi et a l., 2007; Goleman, 1996; National Commission on Excellence in Education, 2008; Weare and Gray, 2003;Wells et al., 2002; Zins et al., 2004）。ヨゼフ・ジンとその研究仲間は，学校では，生徒の学力的学習，社会的学習，情緒的学習をいっしょにして教育目標を追求する時がもっともうまくいくのであって，そのカリキュラムに含まれている学力的な教科学習と社会的・情緒的なある種牧歌的な側面とを分離してはならない，ということを明確にした。学校生活で学力以外の成果を考えると生徒の社会的・情緒的な福利を考えることがもっとも大切なことである，ということはきわめて一般的に受け入れられている考え方である。しかしながら上記の諸研究では，さらに進めて，社会的・情緒的学習は生徒の学力面でも，生涯にわたった学習に関してもその改善に重要な役割を果たす，と結論付けられている。そこでのエビデンスは，学校での態度や行動，成績とも関連付けられている（Zins et al., 2004）。アメリカでの 2003 年の，国内で利用可能な 80 の教育プログラムを研究して，彼らは，およそその 3 分の 1 のプログラムで，教科内容の教授学習と社会的・情緒的学習とを直接結びつけることによってそうした統合が促進されたことを見出した。例えば，学習目標を設定する際に社会的・情緒的方略を組み込むと「そのプログラムの 83％では学力が向上した。それ

に加えて，学力向上を特に目指さなかったプログラムの12%でも，学力が向上した」(Zins et al., 2004: p.14)。

サウスハンプトン大学のキャサリン・ウエア（Katherine Weare）とゲイ・グレイ（Gay Gray）による，イギリスでの諸研究に基づいたメタ研究（Weare and Gray, 2003）でも，全英での社会的・情緒的教育活動の取り組みを始めるべきであることを示唆するような研究成果が得られた。そこでのエビデンスは，生徒の社会的・情緒的学習と福利を増大させる目的で実施された教育プログラムとその基本的な考え方に対する評価から得られた。そこでは，社会・情緒的学習に関連したスキルや態度・行動を教えることについて焦点をあわせているが，評価指標としては，校外，教室内，学校全体，個人についての支援といった幅広い情報源からのエビデンスを用いている。

アリストテレスは当初，「全体論」ということばを，「全体は部分の集合より偉大なものである」という言い方で述べた。こうしてさまざまな実践を紹介するのは，学習の社会的・情緒的側面の持つ全体論的な特性を明らかにしたいからである。ここでの研究では，学校全体，文脈，環境，複合カリキュラム，統合的アプローチによってどのような測定可能な影響が得られているのか，に焦点をあわせている。前に紹介した学級への影響の研究に比べて，ここでの研究は，国の施策や地方教育行政での改善に焦点を合わせている。その結果，ここで得られたエビデンスは，関心の焦点を，個々の生徒の行動上の変化から，先生や他のスタッフの行動，教室や学校を運営する方針や手順，例えば子どもたちと直接接する人々，とりわけ教師やその他の人々を鼓舞する，ということに変更していく，全体論的アプローチの重要さを支持するものとなっている。こうして，生徒を全体論的な視点でみることの重要さのエビデンスが得られている。情緒的・社会的コンピテンスについておこなわれたかつての研究の多くは，困難な，面倒をよく起こす生徒についての研究であったとしている。この研究にかかわった5つの地方自治体は，文脈の重要性について見出し，困難に陥った

少数派の者には教室や学校についての全体的な解決策を講じる必要があることを述べている。そこでは，経験的なエビデンスや文献のレビューを通して得られたその他の諸原理も明らかにしている。すなわち，教育プログラムが最も効果を発揮するのは，

- ■そのプログラムが学校全体の取り組みというアプローチをとっているとき。
- ■そのプログラムがみんなとの共同作業を含み少数者を批難するようなことを避けているとき。
- ■そのプログラムは早目に開始され，授業で何か期待されているか，どんなことをするのかが明確にされていて，温かい人間関係が形成されていること。
- ■授業進行中の教師を支えていること。
- ■ネガティブなことを避けることではなく，ポジティブなものを促進するという目的が込められていること。
- ■そのプログラムは，ただ単にカリキュラム内容の教授に焦点化したものではなく，周辺的なことがらも挟み込んだものであること。
- ■それは全体論的な視野を持つ，長期にわたる影響力をもつもの（すなわち，生徒の学習態度に応じて変化させることができるようなもの）であること。
- ■1年以上にわたって継続的に実施されるものであること。

カリキュラムの個人的・社会的な要因を配慮して，カリキュラムを新たに作ったり開発をしていく際には，こうした諸々の点が重要となる。

上記の研究では同時に，学校で情緒的・行動的・社会的問題が拡がっていることも認めている。ウエアらは，「問題が継続的に，思いもよらないような形で拡がっているところでは，個人をターゲットとしたカ

リキュラム設計は不適切である」と結論付けている（Weare and Gray, 2003: p.43）。

最終的に，彼らは，すべての生徒と周辺的・全体論的アプローチで関わっていくことと，特定の子どもを支援していくアプローチとは相補的な特徴を持っていることが重要であると結論している。そこでは，学習における社会・情緒的な側面の支援の統合例としてバーミンガムの地方自治体の実践の引用がされている（Weare and Gray, 2003: p.43-44）。

教室での共同作業と協同作業

教室での共同作業と協同作業は明らかに異なった現象であるが同時にまた不可分に結びついている。共同は生徒間の積極的な関係を示し，支援と援助で特徴づけることができる。本章で，エビデンスに基づいた教室での共同や協同作業を論じる際，次のような実に多くの概念を考察していくことになる。すなわち，競争と動機づけ，共同的活動と競争的活動，自己選択によるグループ化と割り振られたグループ化，役割と責任，仲間での教えあいと教え込み，リスクテイキングと信頼，それに完全習得と学習結果などである。

共同あるいは共同的活動は，認知的活動と身体的活動の2つに分けることができる。共同的活動の認知的側面とは，学習者が他の学習者の学習の援助をすることである。この援助活動には，やること（スキルを），やってみせること（スキルを），語ること（知識を），説明すること（自分が理解したことを）などがある。身体的な共有活動（すなわち共同活動）には，貸すこと，あげること，賃貸しすること（すなわち，見返りをもとめて貸すこと），かわるがわるやること，などがある。

共同的活動においては，学習者は自分の自律性は保ったままである。すなわち，自分の学習目標が他の学習者によって決められたり影響を与えられたりすることはない。共同的な学習の様子をみてみると，そ

こには「共同するものとして」の明確に規定された学習結果や学習活動，学習構造や学習計画がないことに気づく。そこでの相互交渉は自然発生的なものであり，束の間のものであり，関係性の質も低いものである。

　ワイナーとレイ（Winer and Ray, 1994）の研究では，共同作業と協同作業の間の関係についてたくさんの描写がなされている。

> 　協同とは，成員が新たなやりかたでいっしょに作業するようになる，その過程である。その過程は決してとどまることなく，終わったかに見えても実はそれは新たな協同的事業を生み出している。協同作業は，そこに参与する人や組織が変化することを支える幅広い結果を生み出しながら絶えず変化していく現象のことである。
>
> 　　　　　　　　　　　　　　　　　　　　　（Winer and Ray, 1994: p.iv）

　協同活動の神髄は，2人以上の学習者で1つの目標を追求している，ということである。協同作業は，1つの結果を生み出し，それが参加者全員で共有される。協同はグループワークと密接に結びついているが，すべてのグループワークが協同的であるというわけではない（Elliott, 2001）。この考え方は第5章で検討し，具体例5（P.132）で教授方略と関係づけて紹介する。

　研究によれば，協同活動は共同活動に比べてより長期にわたるものであり，関わりの質がより高いものであることがわかっている。そこでの活動では一定の期間と責任感，信頼関係が要求される。それらがその協同作業の構造，計画，責任性（リーダーシップやその他の役割での責任性を含む），そこでの活動や最終結果を規定することになる。そこでは個々人はある程度生じてくると思われるリスクを引き受けなければならないが，おそらく最も重要なことは，それによって学習

が生じる，ということである。ここでは，学習は同じ目標にむかって突き進むものではあるが，いうまでもなく，学習された内容は個々人によって異なる。協同学習を促進する，という発想は，学習とか理解とかいう概念は社会的に構成されたものであるという，社会的構成主義の考え方に基づいたものである。「他者といっしょに作業する際にもっとも重要なスキルは，小集団やクラス全体での議論に貢献できる能力であり，他者といっしょになって困難に対抗する力である」(QCA, 1999: p.22)

協同と共同との相互依存性については以下のようにまとめることができる。すなわち，共同なしには協同はありえない。協同することになるかもしれないという期待によって共同作業が促進される。

最近の文献研究 (Roseth et al., 2008) には，教室における社会－認知的要因についてよりよく理解したいという研究が増えている。それによると，相互作用をする活動が行われている教室での学力面と社会性の双方の影響力を調べるという経験的な研究は少数派（全148研究中17研究）であることが明らかにされている (Roseth et al., 2008: p.239)。しかしながら，学習成績に対する社会性の発揮のされ方の重要さについては認められている。それらの研究では，青年期の教育において，共同的，競争的，個別化した目標間の関係に焦点があてられている。その結果，青年期前期の生徒においては，より積極的な仲間関係とより高い学力が共同的な教育目標と関係があり，競争的あるいは個別化した教育目標とはあまり関係がないことが示唆された。このことは，学習を支えるカリキュラムや諸活動を計画するにあたっては重要な意味をもつものといえる。

コンピュータを用いた社会的学習環境

学習環境で会話が必要であることを支持した経験的エビデンスの次の事例は，コンピュータを用いた実践例である。学校に新しい技術成

果が出現することによって教育の世界にも新しい用語が出現することとなった。本節では次のようなキーワード・用語について論じることとする。すなわち,「社会的ネットワーキングと社会的つながり」,「アイデンティティの切り替えと役割実験」「潜行性と匿名性」「ほんものとにせもの」「同時性と記録性」である。

最初に,科学の領域で,ほんものの,技術に媒介された学習活動から質の高い仲間どうしの議論が生まれるという事例をみていこう。マッチュ・カーニー（Kearney, 2004）は,小2の生徒のマルチメディアに基づいた課題に焦点を当てて研究した。その課題では,生徒たちが科学の授業での議論に加わり,その理解を深めることを促進するようデザインされていた。生徒たちは,「予想・観察・説明」という,科学的な思考や議論をつよく推し進める教授法が組み込まれた記録用紙を用いた。＊11 生徒たちは,自分の持っている科学的信念を明らかにしてその正当性を守り,他者の持っている信念に対し攻撃することを薦められた。これは,小グループの生徒たちがコンピュータのまわりでマルチメディアを使った発表に対して議論し,研究者が,ＡＶ機器で記録した会話分析を用いて生徒の相互作用を調べる解釈的な研究方法である。ここでは,学習者の経験の質の「ほんものさ」は,科学的活動を忠実に再現する状況をつくることすなわち,マルチメディア・アプリで表現される経験が「本当の」経験を忠実に再現している,という意味でその経験のほんものさが確保されている。そこでは学習者に,科学的探究をするのに十分な状況と科学的探究過程について十分な情報が与えられている。

この研究では,生徒がおこなう,「科学的な考え方の表明や正当性の説明,研究仲間の見解についての明確な紹介や批判的省察,新たに共有できる見解の受け入れ」（Kearney, 2004: p.427）がどのように行なわれているかを分析し,解釈する際には社会的構成主義のやりかたが採

＊11 わが国における「仮説実験授業（板倉聖宣）」と同様のカード。

用されている。ここから，コンピュータを用いた課題によって議論を盛んにすることができ，仲間での学習時の会話を増やすことができることが分かった。特にここでの議論という活動には，予測，推論，観察といった特徴が含まれていたので，そのおかげで議論が促進されたと考えられる。この研究ではまた，生徒が学習課題を統制できるレベルが高まれば仲間同士の議論の質を高めることができる，ということも明らかにした。しかしながら，カーニーは，「このPOE（予測，観察，説明）課題の，最後の説明段階においては，一般に生徒たちはあまり豊かな会話を行わなくなった」（Kearney, 2004: p.448）という結果を報告しており，その主張は少し薄らいだものとなっている。これは，生徒は正しくない予測を受け入れることを嫌がるということ，および，教師が主導し教師といっしょに解くような課題により慣れ親しんでいて，自分たちで勝手な説明をすることに慣れていない，という事実でもって説明することができる。異なる意見をうまくまとめたり仲裁したりする際に教師の役割がとりわけ重要である，ということには注意する必要がある。この研究から，社会的構成主義が実践される教室における教師の役割の重要さがみえてくる。後に再び，社会的な特徴を持つ教室において教師／教育者の役割が決定的に重要であることをみていこう。

　アルジャ・ヴィールマン（Veerman, 2003）は，グループになった生徒間の話し合いのメディアとしてのコンピュータを介したコミュニケーション（CMC）について3つの研究を報告している。1つめの研究は，マイクロソフトの「ネットミーティング」という同期型のチャットのできる環境を用いたものである。同期型CMCでは，情報の送り手・受け手双方がオンラインでつながっており，情報発信・返信が瞬時に繰り返される。メールのような非同期型では，送り手は返信が来るまでに数時間あるいは数日待たねばならない。[*12] 同期型のコミュニケーションは，よく知られたインターネット会話システム，「ヤフートーク」や「マイクロソフト・メッセンジャー」，「ベボ」や「フェ

イスブック」のチャット部分のような形で提供されている。生徒たちは，文を書いたり他者が書いた文に応えたりしながら，リアルタイムに議論していく。これは多くの人に非常になじみ深い通信環境である（第5章でケース研究としてとりあげることになる［具体例2, Pp116-120］）。生徒たちの会話の履歴は記録され，後で見ることもできる。したがって，そのセッションを終えた後でも継続的な議論をすることも可能である。

　ヴァーマンの研究では，学習者には議論の焦点が明確に示された課題が出された。40分から60分の正課のチャットを行う時間が与えられた。生徒たちはその議論に参加するよう求められた。議論の質を高めるために，何人かの生徒には，仲間としてのコーチの役割をするよう告げられていた。この研究では，経験的なエビデンスを通して，コンピュータ技術を使ってうまく会話を促進し議論をつくりあげていけるようなシナリオを紹介している。

　キャサリン・リチャーズ（Richards, 2009）の研究では，あるテーマについて議論を行う際，チャットの環境に制約をいれたときの生徒間の話し合いに焦点があてられている。この研究からは，情動的知性という学習の特定の側面に対して，こうした話し合いのさせかたが効果を示すことを明らかにした。以下のように記している。

　　チャットは学習者の，相対的な立場の均質性を提供でき，このことによってチャットそのものに魅力を感じるようになる。性別や地位といった社会的差異がとりのぞかれ，その結果，オンライン上では「立場の均質化」が生じるのである。こうした差異は，相手が誰であるかということを知る手掛かりとして完全に排除さ

＊12 これは少し極端な表現ではあるが，非同期，の性格上，読み手がメールを開けない限り受信そのものがあり得ないので，2，3日メールをみない，ということからこういうことも生じうる。

れるわけではない。たとえば，言語や言葉使いなどはどうしても手掛かりとして残ってしまう。例をあげれば，女性はオンラインではより「おしゃべり好き」であり，それによって男女を名乗らなくても無意識のうちに自分の性の手掛かりを与えているのである。

　チャットの持つ即時性は学習者にはとても魅力的であり，生徒や教師がe－ラーニングや支援に対して持つ期待を基に発展していく。生徒と教師間のポジティブな相互作用を通して，チャットによって両者の間に感じ取られる社会的関係性の意識が増し，そのことが教室全体の学びの動機づけを高める潜在的な可能性を持っている。

　研究によれば，男子生徒や学力の低い生徒たちはチャットをしやすく，そのことから，チャットにより魅力を感じているようにみえるが，チャットをするというその行動の持つ本当の意味を十分に考えているようにはみえない，ということであった。これは，生徒たちはチャットのようなオンラインの機器を使うことに関心があることを示している。大学でチャットを導入する際に学生の持っている興味関心は非常に重要な動機づけの要因であり，研究においてもはっきりとそうであることが述べられてきた。チャットは，どんな方法をとっても情操教育や情緒的ケアに乗ってこない学生に対して特に好ましい手段であり，こうしたタイプの学生はそうしたシステムに参与，あるいは「ひそかに参与」しやすいことをこの研究は明らかにしている。

（Richards, 2009 : p.34）

　上記で引用した研究では，オンラインの教室環境に関連した重要な考え方と可能性について触れている。こうした教室環境の持つ匿名性によって，学習者は立場がおなじであることを感じることができ，実際の教室の持つ社会的階層構造のなかでの振舞い方の制約を解き放っ

たり，教室が時には個々人にとってやっかいな気持ちにさせることを克服したりできる。こうしたやっかいな気持ち，というのは，人によってはあまり感じなかったり，あるいは全く感じなかったりする。

　個々の学習者と教師の関係は，コミュニケーションのもう1つのこうした経路を使うことでより豊かなものにすることができる。これによって，よりポジティブな関係性を生み出すことができる。学習者間で意見や情報を交換することによってより強い社会的絆を築くことができる。なぜなら，一般的に，オンラインの世界では，対面のコミュニケーションのときの関係のように前言撤回ができないわけではないので，意見の相違によって葛藤や断絶が起こることはあまりないからである。

　チャット環境には匿名性もある，ということから，チャットで役割実験をしてみたり，なり替わりをしてみたりすることができる。学習者は，ある役割で情報発信した時に相手がどのような反応をするかを試してみたりできる。また，他者の視点での考え方を表明してその反応から学ぶこともできる。空想の世界，空想の問題でチャットすることもある。チャットによって他者への共感性を築く機会も得ることができるが，そこでは「サイバーはったり行為」（Adamse and Motta, 2000：p.30）に気をつけねばならない。

　チャット行為の1つに傍観（lurking）がある（Mann and Stewart, 2000；Nonnecke and Preece, 1999; Marvin, 1995）。傍観というのは，チャットルームに来て，みんなの会話を聞いたり見たりしているが積極的に参与しないことをいう。匿名のチャットルームでの研究（Richards, 2009）によれば，傍観者の割合は参加者の種類の数と関連がある。例えば，「レベル1の学生の中には最小限の発言しかしない者がいて，実際には彼らは傍観者としての振る舞いをしている。例えば，「ハイ！」とかの偽礼語や感情語を付け加えたりするだけのことをするタイプである」(p.104)。実際の教室ではこうした儀礼的な発話は，生徒の間での議論を聞いて社会的にそこに参加しているようではあるが，認知的な意味

では会話に参加しているとは言えない。彼らは参加し議論に同意しているように見えるかもしれないが、議論の流れを引っ張ったり支えたり進行させたりしているわけではない。リチャーズは「彼らが実際どのくらいコメントを読んでいるのかを評定することは難しい」としている (p.104)。実際の教室でもバーチャルなチャットルームでも、参加してない生徒の学習の評定は難しく、社会的な活動をさせることが重要だと考えている教室においては、その評定が大変重要なこととなっている。

> チャットは若い人たちの間でのコミュニケーションの方法としてますます人気がでている。チャットによって、学生たちは、親しい家族や友人たちの間でとりあげる話題と同じような話題を他者とのあいだでもとりかわすことができるようになる。コンピュータ技術が、若者の行動や、他者との関わり方を変化させているといえる。社会的ネットワークサイト (SNS) を利用する傾向も増えてきて、このことによって若者は、文字の形式で自分の気持ちや計画、考えを述べることができるようになってきている。
> (Richards, 2009: p.169)

社会的に構成された教室

社会的に構成された教室では、教師が、やる気に満ちた教室風土づくりを促進しようとする積極的な行動をとるから教授も学習もより効果的なものになる、という考え方を支持する経験的なエビデンスを探してみることにしよう。そうした教室では、達成目標を設定することが重要である。学習者は教師が設定したそうした目標達成が何より大切であることに気づき、教室で社会的な行動をすることについてのある種の圧力を感じる。1171 人の 2 年生の生徒を使った研究 (Stornes et al., 2008) では、自己決定理論 (Deci and Ryan, 1985; Ryan and Deci,

2000)に基づく枠組みを使って教室での相互作用と動機づけのありさまを解説した。そこでの基本的な主張は，人間というものは社会的文脈に沿って，受動的であったり疎遠な関係であったりもするし，積極的で密な関係であったりもする，ということである。学習の際にポジティブな社会的文脈に下支えされた内発的動機づけ，自己調整，福利，といったものは，教室の社会的な仕組みを通して高めることができ，その社会的仕組みはまさに教師の手によって育まれるものである。デシとライアンの研究成果から，3つの心理学的要求の概念が生まれてきた。コンピテンス，自律性，関係性である。教室の中でこれらが充足されると，それに続いて自己動機づけや情緒的な福利の気持ちが高められる。充足されなければ学習者はやる気を失い，お互い疎遠な関係になってしまう。

　ストーンズらの研究では，教師が生徒を個人として支援する際に，教師がどのくらい熱心にそれに取り組んでいたかを生徒に評定させて経験的エビデンスを集めるという，質問紙法が用いられた。生徒たちは通常の授業の中で，教師の指導のもとで質問に答えるよう要求され，教師は順番に質問をよみあげた（学習困難や読書困難な生徒の支援をした）。生徒が回答する際には，自分の学習環境を思い出す際は1人の先生だけを想定するよう指示し，調査は各クラス一斉に行うようにした。このことによって，生徒が想定された1人の先生に対して回答すること，及び，早くに質問に回答し終えた生徒が他のクラスの生徒に影響を及ぼさないことを保証するように配慮された。[*13] 結果についての因子分析から3領域が発見された。すなわち，教師の取り組み（世話，愛情，信頼），教師の行う調整（規則，期待，強制），教師の行う生徒の自律性への支援（選択，決定，熟慮）の3つである。この研

＊13 原著での紹介の仕方では意味が通じないので，引用元のStones, Bru & Idsoe（2008）での方法の説明部分(pp.319-320)からの記述を補足して訳出している。

究では以下のように結論づけられている。

> 社会的な特徴を持つ教室の構造は，教室の動機づけ的な側面の雰囲気に影響を与えるものである。個々の生徒と徹底して関わる教師はすぐれた動機づけに満ちた教室の雰囲気づくりを促進し，すぐれた動機づけに満ちた雰囲気づくりには教師からの一定の影響力が必要である。
>
> （Stornes et al., 2008:327）

 これは，教師としてのわれわれの役目について示唆に富んだことを伝えている。すなわち，子どもたちにどのように介入していく計画を立てるか，どのようにしてカリキュラムを提示して子どもたちの選択や意思決定に貢献するか，これらが教師の重要な役割である。

【要約】

●学習状況を直接観察することと，すでに行われた研究を詳細に検討していくこと（メタ分析）は，いずれも，よりよい教育に向けて理論や教育法，教育方略を構築していく際に重要な道である。

●社会的環境として位置づけた学習状況において，学習者はそのスキルを学ぶ必要がある。

●学習の持つ，社会的・情緒的な側面は重要である。

●共同や協同は計画を通してつくりあげることができる。

●コンピュータ利用の活動は社会的構成主義的な教授法を促進するものである。

● 発展課題 ●

▶本章の内容を参考にして，社会的相互作用や福祉，学習の研究がなされている他の分野のことを考えてみよう。

▶研究に対するさまざまなアプローチを比較検討してみよう。

▶研究がどのようにして特定の教授方略を支援しているのか，考えてみよう。

3章 理論
社会的構成主義と社会的学習理論からの教訓

【本章のねらい】

　本章では，教室の中で実際に行われている諸活動を，社会的構成主義・社会的学習理論の立場から切り取り，そこでの重要な考えかたをいくつか紹介します。他者と言語で「絡む」こと，足場かけをすること，モデリングをすることなどです。

　教室の中でヴィゴツキーやブルーナー，バンデューラやレイヴ＆ヴェンガーらの理論がどのように展開されているか，を明らかにします。

　本書は，学習とは社会的活動であるという中心的な仮定をもった諸理論を扱っている。

　「社会的構成主義では，知識はその社会的相互作用のなかで，またその社会的相互作用の結果として創られるものであるという中心的な考え方を持つ」(van Harmelen, 2008: p.36)。ヴァン・ハーメルン (van Harmelen) からのこの簡潔な引用は事実，社会的構成主義の要点をついたものといえる。社会的構成主義や社会的学習理論の学派はまさにこの主張の上に立っている。学習とは高度に社会的活動なのである。

　本書では社会的学習理論の全体性をみていくことにする。学習を社会的な機能に基づいて考える理論の中には，いくつかの下位グループが存在するが，ここでは，社会的学習理論を，上記のヴァン・ハーメルンの短い文に書かれた意見を支持する一貫した考え方として扱うこととする。

社会的相互作用 , 思考 , 絡み合い

 すでに見てきたように , 学習に絡むものとしての社会的構成主義の理論は , ロシアの心理学者 , レフ・ヴィゴツキーの研究にその基礎をおいている。また , この領域での他の理論家の意見もみてきた。以下のページでは , 学習の社会的側面についてのあらゆる領域の研究に共通する主要な構成要素について考えていきたい。それが公的にであれ私的にであれ , 教授・学習の場面に適用されたときのありさま , 学習の進展状況が記述され学習行動の意味を考察したりすることが必要な状況におかれた時のありさまをみていきたい。

 ヴィゴツキーが「認知発達が十分に行われるためには社会的相互作用がなければならない」としていることはよく引き合いにだされる。これはヴィゴツキーの著作の重要な部分を代表した , 実際には言い換えた言葉であり , 彼自身がこのことを言っているわけではない。この文の表現で実際に言われていることは , 学習者としての人間は , 身の回りの人に刺激を与えたり , 挑発したり , 同じ行動をしたりといった社会的相互作用に依存しており , そのことが個人の思考や他者の思考や活動との絡みを促進し , 知識や理解の成長という知的な発達に貢献するのだ , ということである。

 社会的構成主義の分野からみた学習過程を理解するにはヴィゴツキーの著作から , 3つの重要なヒントをとりだすことができる。

①学習者の周りにいる人は学習にとって中心的な役割を果たす。

②学習者の周りにいる人は , 学習者が世界をどのようにみるかということに対して影響を与え , 時には深く影響を与えることもある。

③道具が学習や知的発達の進展のしかたに影響を与える。ここで

いう道具はその形式や内容はさまざまなものがあり，文化，言語，他者なども含まれる。

ここから，われわれがとり組む「課題」には3つのカテゴリーが存在することがわかる。すなわち，ひとりで取り組むことのできる課題，他者の支援があっても取り組めない課題，その両極端の中間で，なんらかの他者の援助を得れば取り組むことのできる課題，である。学習者にとって学習の社会的側面を埋めてくれるのは他者である。

ヴィゴツキーにとっては，認知発達や言語は他者との相互作用によっておこなわれる。すなわち，子どもの知識や価値・態度形成は他者との相互作用の中から生まれ，社会的相互作用によって子どもの思考のレベルが高まる。ヴィゴツキーは，教えること・学ぶことは「社会的につくられた状況での社会的演者間で行われる社会的活動」(Moore, 2000: p.15) であるとした。

原理と段階

ヴィゴツキーは次のような原理を述べている。

1. どのような発達段階においても認知発達はある範囲内に限定されている。これはヴィゴツキーのよく知られた発達の最近接領域（ZPD）の考え方である。子どもの発達のどの時点においても，次にどのようなことが獲得されるかということには制約がある。この概念については先に，それがどのようなものであるか，また，それが発達や，よりよくものごとを知った他者からもらう支援の種類とどのような関連にあるのかについてみてきた。

2. 十分な認知発達を遂げるためには社会的相互作用が必要である。ヴィゴツキーの社会的発達理論とは，「社会的相互作用が認知発達に

とっては基本的に重要な役割を果たす」(Kearsley, 1996) というものだと言われてきた。キーズリー (Kearsley, 1996) は続けて「十分な認知発達を遂げるためには社会的相互作用が必要である」と述べる。ヴィゴツキーの社会的発達理論に依拠しているレイヴの状況学習理論では「概念や表象に対してのアクティブな知覚を強調して」おり，したがって「学習には社会的相互作用と協同とが必要なのである」(Kearsley, 1996)

　ヴィゴツキーの研究の基礎的部分にもう少し深く立ち入ってみるために，さらに2つの概念，すなわち心理内的，と心理間的という概念を検討してみよう。ヴィゴツキーは次のように述べる。

　　子どもの文化的発達におけるあらゆる機能は2度現れる。一度は社会的レベルにおいてであり，2度目は個人的レベルにおいてである。すなわち最初は人と人の間（心理間的）であり，次にそれはその子どもの内部（心理内的）で機能する。これは自発的注意や論理的な記憶，概念の形成といったすべての現象において等しくあてはまる。あらゆる高次精神機能は個人と個人の間での実際の関係として発生してくるのである。

　　　　　　　　　　　　　　　　　　　　（Vygotsky, 1978: p.57）

　この2つのレベルは「段階」(Plane) ともされ，さらに次のように述べられている。
　<u>社会的段階</u>：発達が最初に生じる段階である。子どもや学習者は見て聞いて，やがてそれをまねる。親やよりよくものごとを知った他者はそれをじっとみつめ，訂正をいれたり挑発したりする。
　<u>内化段階</u>：子どもや学習者がより能力をもってくると，情報は個人の内部に内化される。
　ことばの発達がこの好例であろう。年少の子どもは実際に使われて

いることばを耳にしたり使われている様子を見たりする多くの機会が与えられる。それは子どもに向けて発話されたものであったり，たまたまことばを使っている他者を目の前にしているということもあろう。われわれのだれもが見てきたように，その年少の子はいくらか勇気をふりしぼって身の回りの音のパターンのまねをし始める。そばにいる他者は，たとえば音やことばを繰り返したりしてそのまねを支援しようとしたり，もうちょっと複雑な音やことばを示してまねさせようとしたりする。子どもがそのことばや言い回しに慣れてくれば，そのことばや言い回しは，はじめは声に出して，しかし最後には子どもの内部で，注意深く観察され繰り返し再生される。言語と思考はいっしょになり，言語の使用の際に認知発達も進んでいく。「社会的相互作用があってはじめて十分な認知発達が行われる」(Tu, 2000: p.33)。

以下のことがらは，ヴィゴツキーの研究から得られた，学習の計画を立てたり教授活動をしたりする際に心にとめておくべき教訓である。

- ■学習と発達は社会的で協同的な活動であり，そのものを「教えられる」ことはない。毎日の生活が社会的なものであり，直接他者と交わったり議論したりしている人にとってはこのことは分かりやすいであろう。教室での個々の生徒は自分なりの理解を構成していく。意味や理解を構成していく過程で教師はその構成の促進者としての役割をはたす。
- ■教師が生徒の学習を最適化する適切な課題や活動を計画する際に，生徒のZPDを意識し，それぞれの生徒のZPDは異なるのだ，ということに十分に気づくことは決定的に重要なことがらである。これを知ることによって，生徒にどのような，またどの程度のサポートをすればいいのか，ということが分かる。
- ■学習課題や学習活動，その他の学習状況は意味のある文脈の中で準備する必要がある。大人の教師にとっての意味のある文脈

は必ずしも年少者の学習者には意味をなさないことがある。学習者が学習活動を行う文脈が、そこで得られた知識が実際に使われる文脈と同じであることが大変望ましい。[*14]
- ■できることなら、学校内での学習活動が学校外の学習や他の様々な経験と関連していることが望ましい。子どもの学習状況に持ち込まれたあらゆるもの（例えば絵やいろんな工作品や作文など）はあとあと計画された学習経験で利用されたり、そこに統合されていくようなものである必要がある。このことによって、学校と実生活の間に時としてみられる隔たりを吹き飛ばし、実はそれはつながっているのだという感覚をもたらしてくれる。
- ■もっとも重要なことは、ヴィゴツキーは言語がすべての発達にとって重要な鍵となっている、と述べている点である。知識とことばの利用は子どもの思考においてのみならず、認知発達のあらゆる側面において中心的な役割を果たしているのである。

学習が本質的に社会的活動であることをより幅広くながめ、その理論のあらゆるところにちりばめられた重要な諸概念を考慮すれば、ヴィゴツキーの理論を補完する、次のような諸原理を導き出すことができる。

社会的相互作用は、最も重要なことがらである。そうした相互作用は垂直的には教師と生徒間で、水平的には生徒と生徒間でみられる。いずれのタイプの相互作用も学習に対してはそれぞれの影響力をもつ。前者では学習時に詳細なより深い内容の理解が強調され、後者では学習の精密化やメタ認知への気づきが強調されている。

＊14 学びの「ほんもの」性の確保の意味。

3章　理論

足場かけ：計画的な足場，思いつきの足場

　学習者にどの程度，どんなサポートをするか，は，学習の進展には決定的に重要なことである。すでにみてきたように，足場かけとは，「援助者」（広い意味では援助を提供する立場にあるすべての人）が，学習者の知識獲得や理解の促進の過程でそれを補助することになる何かを提供できる１つの手段である。足場は，学習者が先に進むことができるようにという目的でかけられたものであり，学習者への計画的で適切な干渉である。

　足場かけの方法については，必ずしも必要ではないかもしれないが２種類考えることができる。

　１つは，足場かけが学習者に対する計画的な介入になっている場合である。計画的介入は教師が計画することがもっとも多く，教師は，事前に計画をたてた学習成果に到達することを援助する手段を決定する。これにはたくさんの方法があり，詳細は後にみていく。いくつかの例をあげれば，ワープロを使って子どもたちに「ことばの銀行」を準備したり，個々の子どもにわかりやすい教示や説明を与えたり，教師や他の大人から個々人に対する配慮を与えたりすることであり，それらを継続的に与えたり断続的に与えたりする。生来こうした足場的な支援の方法は他にもいろいろある。人が直接介入するものもあれば，教材教具の提供であったり，同じなかまとのやりとりをする機会の提供であったり，コンピュータ・プログラムとのやりとりであったりもする。

　２つめの介入方法は，アドホックな（さしあたり，そのための）である。足場かけの機会を事前に計画しておくことは大変難しい。それは多くの場合，教師や大人が適切な時に適切な場にいるかどうか，による。大人（教師）と教室の生徒の間で対話が始まった時，グループ学習の状況にいるのか，他の状況にいるのかによって，大人の，事情

に通じた専門的な判断は変わってくる。多くの場合，どんな介入でもその介入の中身が最も重要である。それは手短で簡潔な質問とそれへの回答であったり，もっと込み入った場合は，その問題解決のためのもっと深い情報を教えたり，他のやりかたでやったらと指示する介入であったりと幅広い。そこでは子どもの支援や発達を重視することが大切で，答えを教えることをしてはならない。このことを示したよく使われる格言に，「語ることは教えることではない」というものがある。これは「聞くことは学ぶことではない」という格言といっしょに使われる。これらいずれの格言も，学習過程の基礎には会話，思考，活動，それにさまざまな考え方の絡み合いがあることを示している。

介入の過程に注意を払うことは，イギリスでの教授学習を長期にわたってリードしてきた国家戦略局（National Strategies）が提供している資料のなかで重視されている（図 3.1 参照）。

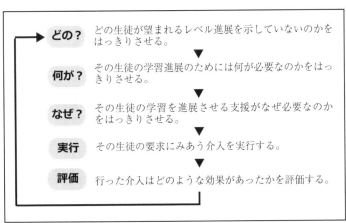

図 3.1 介入計画（国家戦略局, 2009 より）

教師は最初にいくつかの質問をして，学習者の学習の進展にもっとも効果を及ぼすと思われる介入のしかたを判断できるようになっている。

3章　理論

　以下にみるように，足場かけを実際に行おうとする際にはさまざまなやり方と特徴がある。

　足場かけの目的は，さまざまな方法を通して学習者により高次の発達をとげさせるべく学習者を支援することにある。足場づくりの担当をする教師は，以下のように，学習者に足場を提供するためのさまざまな役割を担うことになる。

- <u>支援者としての教師</u>：子どもたち自身が他者に示唆を与えたり，アイデアを実践してみたりしてもいいと感じられるような安心で安全な行動の枠組みや文脈を提供する教師。
- <u>促進者としての教師</u>：個々の学習者の思考の方向づけを変更させたり別のもっと簡単なことばに言い換えさせたりするという「問い」をなげかける教師。
- <u>批判的な聞き手，フィードバック情報の提供者としての教師</u>：学習者が理解できるような形で批判的なコメントを伝えたり，あらゆるところで進む方向をそれとなく示したりする教師。
- <u>ことがらを単純化する教師</u>：問題を，より小さな，取り扱い可能なステップに分解し，学習者が挑戦できるように仕向ける教師。
- <u>動機づける教師</u>：学習過程の重要なポイントで適切に生徒を激励することができる教師。
- <u>重要な点を気づかせる教師</u>：ある課題や問題点で，より注目せねばならないことを，それほど注意しなくていい部分から分けて指摘する教師。
- <u>モデルとしての教師</u>：課題を実際に実行したり，思考過程を声に出したりして，やり方や技法を生徒たちにみせる教師。

　足場かけは介入の問題として特徴づけることができる。波モデルは教授法を個々の教えに個別化するときに用いるものであるが，ここでは，効果的な介入について次のように説明している。

■子どもや年少の子どもたちが，何を学ぶのかということや，それが自分がすでに知っていること・できることとどのように関係しているのか，ということがわかるように教えること。
■学習者は学習のペースや話し合い，刺激的なさまざまな活動によって動機づけられている。
■学習者の進展状況は，教師からの評価，自己評価，仲間どうしの評価の方法を用いて定期的に評価され，それによってその後の各自のニーズにあった学習計画をたてることができる。
■学習課題やセッションは，子どもにもっとも利益になる学習段階のそのまわりの段階の構成でデザインされている。[15]
■教師は学習をする際の落ち着いた目的にかなった雰囲気作りをする。
■教師は，学習者が必要とされる努力をしっかりすることを強く望む。
■教える際には，学習者が以前に行った学習で獲得した誤概念やギャップや概念の脆弱さに注意を集中させ，それらを正しく強固なものにする。

(National Strategies, 2007: p.12)

　小学校の科学の授業で「焦点化した質問」を使うように勧めた小規模の研究では，安全な環境（すなわち，新しい考えを生み出したり個人的な意見を述べることが奨励され，それらが即座に否定されたり低くみられたりすることのない授業環境）の中で，足場かけやモデリングやプロンプティングの技法を一貫して使うことによって，教師の手助けで，子どもたちがより高度な質問技法を使うことができるようになった，ということが分かった。
　教師が足場かけ方略を使った授業で学んだ子どもたちは，興味がよ

---

[15] これが ZPD。

り持続し,より深いレベルの理解に関心がいきそれを維持した(Ager et al., 2006)。

足場かけの重要さとそこから得られたものについては,教師・生徒の到達目標を設定することを目的とした国家戦略局の一部であるイギリス政府の最近の刊行物に次のように要約されている。教授法における足場かけの考え方は,ビル建設の際に組まれる足場と同様の目的を持っている。すなわち,建築中のそれ(教育・ビル)を安全で踏み込みができるようにするためのものである。作業が終わると,足場は取り外され,そこに新築ビルあるいは改築されたビルが建っている。

> 教師はこうした足場かけの方法を基本的なスキルのある特定の側面を教える際に利用することができる。教えたい領域の周りに「足場」を建て,学習者はそれによって与えられた学習内容に直接踏み込むことができ,何もそのじゃまはできない。足場架けが利益をもたらすためには,それは一時的なものでなければならない。学習者が当該の課題を自分で処理するようになったら,その「足場」は,徐々に解体し,やがてもう必要のないものになっていく。このようにして建物の移譲は完了する。この過程を持たないと建物はいつまでも足場に頼ってしまうことになり,建物の無力感を生み出してしまう。足場かけによって学習者は自分の現在の能力を超えてより高いところにたどり着き,新たな理解やスキルを探求することができるのである (DCSF, 2009b)。

モデリングと発話思考

ある活動をモデリングすることによって,教師らは学習者がある行動を観察し,やがてそれをまねたり繰り返したりする機会を提供できる。これは,たとえばスポーツでコーチをする状況などできわめてはっきりとみることができるが,何もこうした練習とか身体的スキル

の学習状況でのみみられることではない。他にもたくさんの状況，例えば読んだり書いたり計算したりするという多くの学習状況においても適用される。モデルとなる行動が行われている間に補足説明を加えたりすることによって，当該の課題でもっとも本質的な部分に注意を集中させるよう導くことができる。これは，先にみてきたバンデューラやレイヴとウェンガーの研究に共通な部分と非常に密接なつながりがあることに気づくであろう。

社会的構成主義や社会的学習理論に基づいている教授法的ツールとしての足場かけの特徴とその重要さを要約するものとして，図3.2に5つの足場かけの活動を示すことにしよう。ここでは，個人や集団の学習を支援していく際にどんな「足場」を選べるのか，ということを示している。

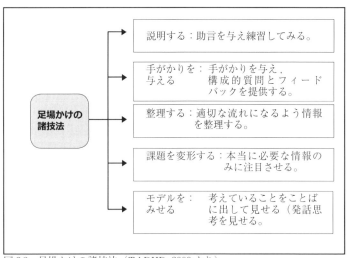

図3.2　足場かけの諸技法（TADHD, 2009より）

社会的構成主義の原理の拡張

社会的構成主義もその他の社会的学習理論のいずれも依って立つ，

いわゆる「構成主義」の3つの原理がブルーナー (Bruner, 1966) によって見いだされ,以下のように表現されている。

■教育は,学習者が自ら望んで学ぶことができる学習者自身の経験や文脈(すなわち,レディネス)に基づいて構成されなければならない。
■教育は,学習者が容易にその内容を把握できるように構成されなければならない。
■教育は,学習者の目の前の事実からの推測を促進させ,かつ事実とのギャップを埋める(すなわち,「与えられた情報を超えて」[*16]思考する)ようにデザインすべきである。少なくともそのいずれかは含まれていなければならない。

その後,社会的なモノ・コトに媒介された学習研究の領域を横断してあてはまっている原理群を探し出すという試みが行われ,社会的構成主義や社会的学習理論全般から,次のような諸原理を抽出することができる (Deaux et al., 1993; Ormond, 1999)。

■他者の行動やその行動の結果を観察することでも学習が可能である。バンデューラ (Bandura, 1997a) はこれを次のように述べる。

　人は,自分がなすべきことを自分自身の行為からしか学ぶことができないとすれば,そうした学習はそれが成立したりしなかったりするという危険なカケであるだけではなく,おそろしく骨の折れる事柄になってしまう。しかしながら幸いなことに,たいていの人間の行動はモデリングを通して観察的に学習される。すなわち,他者の行動を観察することによって新たな自分の行動をど

───────────────

*16 Bruner の著書名でもある。

のように行うべきかを知ることができ，後にここでコード化され
た情報に導かれて行動することができるようになる。

(Bandura,1997a: p.22) [*17]

■認知は学習にとって中心的な役割を果たす。すなわち，学習と
は単に刺激と反応の間のことがらの問題ではないのである。社
会的学習理論では認知的な営みを人間の学習の中心に位置づけ
る。しかしながら同時にこの理論では，今後行われるかもしれ
ない強化や罰も現在の行動に影響を及ぼすことも認める。

■ある意味で，社会的学習理論は行動主義の学習理論と認知的学
習理論との懸け橋となっているとみなすこともできる。

本章を終えるにあたって，社会的学習を徒弟制で最初に説明した
ジーン・レイヴの認知的徒弟制についてみておきたい。

　ほんものの活動をしている領域に生徒が入った時，そこで自分
に必要な認知的諸ツールを獲得したり発展させたり用いたりする
ことができるようになる，そういう学習状況で成立するものを認
知的徒弟制という。学校の中であれ外であれ，学習は協同的な社
会的相互作用と知の社会的構成とが一緒になって進んでいく。

(Lave, 1998: p.134)

＊17 本翻訳書 p.24 で一部引用。

3章 理論

【要約】
- 学習はきわめて社会的な活動である(無論,個々の学習者の好みによってはこのいい方があてはまらないこともあることは注意すべきである)。

- 知識は,学習者のいる社会的文脈の中で,その社会的相互作用の結果として創られる (van Harmelen, 2008)。

● 発展課題 ●

▶本章の内容に照らし合わせて,社会的学習のさまざまな側面について考えよう。また,特定のやりかたを採用した際にどのような効果がみられるとその理論は想定しているのか,考えてみよう。

▶教える際に自分が用いてきた足場かけのやりかたや,他の人の授業でみたことのある足場かけの方法について考えてみよう。

4章 教授法
実践に導く規則・原理・理論

【本章のねらい】

本章では，構成主義的な立場に立つ教師の，教室のなかでの実際の教え方（教授法）についてみていきます。構成主義的な教授法の特徴を確認し，その細部を検討します。ペダゴジー，アンドラゴジーに加え，サイバーゴジーという用語もでてきます。さらに，「認知的徒弟制」という考え方の持つ教育的な大きな効果を紹介します。

本章では，社会的な営みとしての教室での教授法（ペダゴジー），すなわち，教室を社会的営為の共同体とみなすそうした理論のうちで教師が実際どのような教授法をとるか，について考えていきたい。構成主義に基づく教授活動は，学習者が自分の知識や理解を自分で構成していくことで学習は成立するのだ，という信念に基づいておこなわれる，ということを本書ではすでにみてきた。学習とは，アクティブな過程なのである。すなわち，学習は，学習者が学習過程に積極的に参加しなければ成立しないし，学習者が受動的に情報を受け取るだけでは成立しない。学習者は意味や知識を産出する創造主体なのであって，単なる情報の受容者ではない。

構成主義理論での教授法の特徴

構成主義による教授活動は，次のような構成要素のいくつか，あるいはそれら全部で成り立つ学習活動である。すなわち，批判的思考，動機づけ，学習者の独立性，フィードバック，話し合い，言語，説明，

問いかけ，教えることによる学び，文脈化，実験，現実世界での問題解決，等である。学習のこうした側面は後に，具体例*18としてケーススタディを載せた第5章で考察することになる。

　構成主義に立つ教師は，学習者の反省的振り返りや認知的葛藤に重きをおき，仲間同士の相互交渉を奨励する（ACT, 2007）。ブルーナー（Bruner, 1966）は，教育方法には次の4つのスキルが含まれているべきである，と述べている。すなわち，

　①学習への基本的姿勢の持ち方
　②知識全体を学習者が積極的に把握できるよう知識を構造化するやりかた
　③学習材料をもっとも効果的に提示するその提示順序
　④報酬と罰の性質とその与え方

である。知識を構造化する良いやりかたによって，概念が簡素化され，新しい命題が生み出され，情報操作の量が増やされることが望まれる。教師がこうしたスキルをきちんと持っていて，はじめて生徒の学習がきちんと行われる。

　教授法*19は教育の要である。ペダゴジー（pedagogy）とは，学習者を学習に導いていく効果的・効率的な諸活動を方向づける規則・原理のことである。これは1つの技とか1つの「知」に匹敵する。「Paidogogos」は古代ギリシア語の（παισαγωγοζ）からきたもので，「子どもを学校に連れて行って学ばせる教育奴隷」という意味がある。これは，現在の，学習者が学ぶことのできるようにする，という意味での教授法の考え方とは似ても似つかないものであるが，「子どもといっしょに作業し，学習する機会を与える」ことであり，「子

---

　*18 Vignet はもともとは輪郭をぼかした，挿絵などの小さな絵。転じて挿話。ここでは，ささやかな具体的教育実践，という意味で具体例とする。
　*19 ペダゴジー：以下，定訳としての「教授法」を用いるまで，あえてカタカナでペダゴジーと表記する。

4章　教授法

どもを導いていく」という厳格な意味をあまりもたない，という点では，教育の過程についての現在のわれわれの理解とあっているものである。ペダゴジーは教え方の方法であり教育の基本原理である。ペダゴジーが，教室で行われている教科内容的なあるいは社会的な出来事の中での関わり・活動を通して，生徒たちを支援している。

　それに比べてアンドラゴジー（andragogy）は，大人に焦点をあわせた教え方の方略や教育の基本原理で構成され，学習経験の組み合わせで大人の学習者に関与することを意味する。ドイツの教育者アレクサンダー・カップ（Alexander Kapp）が1833年に「アンドラゴジー」という用語を初めて使い，教育者が大人とともに作業することと，こどもといっしょに作業することとの違いを述べている。その考え方はマルコム・ノールズによって成人教育の理論に発展させられた。彼は，アンドラゴジーとペダゴジーでは学習の特徴や学習の動機が異なり，大人が経験することは取り扱い済みの分類の箱のなかに新たな経験を片付けることであるが，子どもの場合はそれが学習と密接につながっている，という意味で，両者を区別すべきであると主張した（Knowles, 1970）。

　ノールズはペダゴジーを「子どもに教える技と知」（Knowles, 1980: p.43）としたが，アンドラゴジーは「大人の学習を手助けする技と知」（p.43）とした。アンドラゴジーの諸原理はペダゴジーの諸原理から発展したものであるが，大人の場合と子どもの場合とでは，現実世界の意味づけのしかた，学習者の自己責任のありかた，自己決定力，先行経験やレディネスから得られる学習の豊かさ，学習への指向性等の点で異なっている。この主張はすでに30年以上も前のものである。いずれにせよ，アンドラゴジーのこうした諸原理が，教室に基盤をおいた学習についての，賢明な，ポストモダンの流れのなかでペダゴジーに再びとりいれられてきたのである。ノールズの著作（Knowles, 1990:57）から，次のようなことが言える。

■学習者は，なぜ自分が学んでいるのかを知らねばならない。
■学習者は，いつ・どのように学ぶのかについて自己統制ができねばならない。
■学習者は，自分の世俗的な経験を生かして学習過程を進めていくことができる。
■学習者は，学習の文脈・意味が明確な時，より好んで学ぶものである。
■学習者は，現実世界の課題やスキル，理解を学ぶよう動機づけられている。
■学習者は，社会的に認められた成功者像に動機づけられている。

ここで，ペダゴジーを技と知の両面で定義しているのは何もノールズだけではない，ということに注目しておくのは興味深いことである。多くの教育学者がこの2つの概念の両方を「AかつB」的に用いているのである。前者はペダゴジーには高度な技術が必要，という印象，後者はより美学的・創造的な働きが必要，ということを示唆している。例としてブライン（Brine, 2009），ヴェンカテア（Venkataish, 1998），ドウンキン（Dunkin, 1987）その他多くの研究があげられる。

ペダゴジーとも関連のあるさらに別の教え方は，教育に情報通信技術を利用して生まれた。これは「サイバーゴジー（cybergogy）」（コンピュータが学習を導く）と呼ばれ，インターネットを介した教え方の原理とその実践を示したものである。ワン（Wang）のサイバーゴジーモデルでは，進行中の学習を，社会的，感情的，認知的要因の交差するところだと位置づける。そこでの認知的要因とは先行知識，目標，活動や学習のスタイルであり，社会的要因は，学習者の性格，学習の文脈，共同体の性格やコミュニケーションであり，また，感情的要因は，自己や，共同体，学習とその環境についての気持ちである（Wang, 2007; Wang and Kang, 2006）。

サイバーゴジーを定義しようとすると，実はペダゴジーとアンドラ

ゴジーの原理の統合をすることになる。ワンらは，サイバーゴジーは大人にも子どもにも適用できるとした。「子どもや低年齢の青年は，ネット空間に入ったりネット利用で学習する際には，そのことそのものを教えてあげないとたいてい戸惑ってしまう。彼らにとって，ネット利用の学習は，自分たちが世界とつながる，教室とは別に提供される教育システムのようにみえてしまうであろう」（Carrier and Moulds, 2003: p.4）。この新しい学習のアプローチでは，通信技術とそこでの構造化された経験を提供することを通して，大人や青少年，子どもたちが学ぶことを支援する。これはアンドラゴジーの原理を用いている。すなわち，学習者中心の学習，自律的学習，文脈化された学習という諸原理が含まれている。しかしながら，アンドラゴジーの原理と似ていて，そこから援用したような原理が用いられているにもかかわらず，どの年齢層においても，対面の，教科書中心の授業で用いられる授業のやりかたと，こうしたヴァーチャルな学習環境でおこなわれるやり方には違いがあることには注意を払う必要がある。

　サイバーゴジーの考え方はさらに推し進められ，オンラインでの学習活動の仕組みや仕方がどうであるべきかを述べるまでになってきた。そのモデルでは学習の4領域——認知，情緒，スキル，社会の4側面——を包摂し，学習の原型となる諸活動を紹介している（Scopes, 2009; p.22）。ここでの，複数の利用者がいて，バーチャルな環境であるというまさにその特徴によって学習経験が促進されたり可能となったりするのである。

　構成主義的な教え方は，学習は学習者が自分の個人的な知識や理解を構成する際に成立すること，したがってそれは学習者自身のためにアクティブに活動する過程でなければならない，という信念に基づいていることをすでにみてきた。社会的構成主義では，学習は言語や，2人以上の学習者間での話し合いを通して成立する，と考えている。したがって，すべての構成主義者は学習者がすでに知り理解している知識や概念をもとに構成していく教え方を促進していくような教授法

を支持する。ここでいう先行知識は学習者が世界に対して持っているものを示す「シェマ」(ピアジェ)や「精神構造」(ヴィゴツキー)と呼ばれるものである。第1章でみたように,「シェマ」はピアジェが最初に用いた用語である。その後の心理学者も,先行する知識や理解,現在の知識や理解のありさまを示すのにさまざまな概念を用いてきた(Anderson, 1983;Armbruster, 1996;Bartlett, 1932;Bransford, 1979; Brewer and Treyens, 1981; Freundschuh and Sharma, 1996; Halliday and Hassan,1989)。これらの学習理論では,構成された知識(=知識の形成)を,世界をどうみているかを表した抽象的な精神構造が入念にネットワーク化されたもの,とみなす。メタファー(比喩)の研究から,スキーマという表象作用の強烈な特徴が描かれている。すなわち,「私が最も言いたかったことは,こうしたイメージスキーマは,われわれのあらゆる理解や推論を拘束するのに十分なほどどこででも使われ,十分に定義され,満足のいく人間の内的仕組みである,ということだ」(Johnson, 1987; p.128)。視覚的イメージとスキーマ記憶とのつながりは強烈なものである(Clausner and Croft,1997; Lakoff and Johnson, 1980; Richardson et al., 2001; Rohrer, 1995; Woollard, 2004a)。

さらに言えば,構成主義での教授活動では,学習者の探索,工夫,洞察,推論を豊かにするような,豊かで問題解決的な学習環境を作ろうとする。ここでは,学習は,学習者が受動的に情報を受け取っている際にはおこらない,と考える。もっとも一般的な意味において,構成主義的な学習環境では,学習者が実験をしたり,現実世界で問題解決をしたりするようなアクティブなやりかたをとるように教師は激励する。そのことによって,よりたくさんの知識を獲得し,自分が何をし,何を考え,何を理解しているのかについての振り返りを行い,それを他者に語れるようになるのである。

構成主義の授業が行われている教室では,学習者は意味や知識の創造者である。学習者は決して,知識や叡智が注がれる空っぽの器(紀元元年のプルタルコスにまでもどる)のような存在ではない。学習者

4章　教授法

は決して歴史の文字が刻まれていく白紙（ロックのタブラ・ラサ）のようなものではない。重要なことは，学習者が，自分の現在もっている概念にそって対象に意味づけしようとしない限りは，知識や理解は相手に伝わらない，という点である。したがって，学習者がものごとを経験し，そうした経験を振り返ることに基づいて個人的に知識を創り上げることが許されるような環境にあるとき，もっとも望ましい学習が成立するのである。知識の構成を望ましい方法で行えば，概念を簡素化し，新しい命題を獲得し，情報の操作を増やすことになるであろう。構成主義的な教え方は，批判的思考，動機づけ，学習者の独立性，フィードバック，話し合い，言語，説明，ソクラテスの問答法，教えによる学び，文脈化，実験，現実世界での問題解決等が含まれている学習とつながっている。

アンドラゴジー，サイバーゴジー，構成主義の学習理論を検討してきて出てきたペダゴジー（教授法）は，教師の次のようなたくさんの活動原理にまとめることができる。こうした活動は学習生起の前，その最中，その後，のそれぞれのフェイズで行われうるのである。

- ■教師は，学習者に，なぜ学ぶのか，を説明しなければならない。
- ■教師は，学習者が教師の統制下におかれているという感覚を持つような機会をつくらねばならない。
- ■教師は，生徒のアクティブな取り組み（認知的，身体的，社会的な取り組み）のできる機会を作らねばならない。
- ■教師は，学習者の以前の経験を生かすような計画をたてねばならない。
- ■教師は，カリキュラムを十分理解しそのうえで生徒の学習経験を計画せねばならない。
- ■教師は，話し合いや発問を通して学習者と関わらねばならない。
- ■教師は，学習経験での生徒の情緒的な側面に注意を払わねばならない。

■教師は，学習時間の諸活動を現実世界の事例と関連づけねばならない。

　社会的な特徴を持つ教室においては，教師の活動には様々なものがあるということが重要な側面である。生徒がさまざまな活動のできる機会を準備することと，個々の生徒の要求へすばやく十分に応答することが重要な課題である。行動すること，語ること，挑戦すること，実験や探索をすることが重要な活動である。

　社会的構成主義を実践する教師は，学習者の内省，認知的葛藤，学習者相互の関わりに重きをおく。構成主義を実践する教師は，学習者は学習に先立つ一定の考え方をもっているのだ，ということを認め，それを支援し，やがてその上に新しい知識や理解を構成していく諸活動を指導していく。

学習の準備ができている，ということ

　適切な支援があれば，学習者は，自分一人ではできないような課題でもこなすことができるものである。既にみたように，足場かけ——学習者のパフォーマンスレベルにあわせて，教師が絶えず支援のレベルを調整していくこと——は効果的な教え方の１つである。足場かけはその場の結果を生み出すだけでなく，その課題とは関係のない将来の問題解決に必要なスキルを学習者に少しずつ教え込むことにもなる。しかしながら，学習者は，こうした自己永続的な経験の世界に入る前に，学習に対しての準備ができていなければならない。

　ジェローム・ブルーナーは，教育では４つの重要な側面に取り組まねばならない，とした。すなわち，

①学習の準備ができていること

②学習者にとってもっとも把握しやすいように教える知識全体をどのように構造化するかということ

③学習材料をもっとも効果的に提示する順序を決めること
④賞と罰の特徴を理解しその配置を考えること,である。

本節では,学習者の持っている学習に対する傾性について考えてみよう。学習は孤立した状態では起こらない。すなわち学習は自発的に生じる行動ではない。学習が生じるには刺激,文脈,構造が必要である。加えて学習には,学習者が学習に対して準備ができていることが必要である(Bruner, 1966)。

レフ・ヴィゴツキーは,子どもが学習に対して準備ができている状態について検討する際に,その子どもの認知発達に焦点を当てた。彼は,学習者は一人でいるとき,あるスキルがとれるレベルにいるのではあるが,適切な支援があれば,その学習者はより高いレベルのスキルがこなせるようになるとした。ヴィゴツキーはこれを「発達の最近接領域」(Vygotsky, 1978)とした(第1章参照)。そこでの支援の特徴は社会的なものであり,親や先生,同輩の仲間でさえ学習者の学習を支えるものとなる,としている。

ジャン・ピアジェ(Piaget, 1970)は,同化と調節という概念を使っている。学習者が自分の理解の範囲を超える新たな経験に遭遇した時,その新たなデータ・考えにあわせてそのとき持っていた考えを拡張していく,とした。これが「調節」である。

ジェローム・ブルーナーは,教育には螺旋形のカリキュラムが必要であり,学習者はその時々の自分の理解の範囲内で学習していく,としている。教育は学習者の論理的思考力(すなわち,その学習者が把握できる範囲内)に適切に対応している必要がある,とする。こうした教授法を考えることが重要であるのは,学習者の知的発達は,時計の針が進んでいくような,同じ地平上をぐるぐる回るものではない,と考えるからである。教師は「子どもの持つ自然な認知発達の過程に隷属するようなふるまいをする必要はない。子どもに,その子の発達の少し先にすすんだ,今はできないがやってみることはできるという機会を与えて知的発達を先に導くこともできるのだ」(Bruner, 1960:

p.147）。

　マルコム・ノールズ（Malcolm Knowles）の準備性（preparedness）という考え方は，認知的な側面の考慮から出てきたものではなく，成人の，社会的・対人的な展望から出てきたものである。アンドラゴジーにおいては，学習の準備ができているということは，その学習内容が自分にとっていかに大切であるかということが分かり，その流れを受け入れることである。

　学習に対しての準備性という点からみえてくる教授法は，教師のとるべき行動の諸原則として以下のようにまとめることができる。こうした行動は，学習の前，学習中，学習の後に行われる。

■教師は，学習者が，教師の手助けなしにできること，について知っておかねばならない。
■教師は，学習者が何を理解しているか，について知っておかねばならない。
■教師は，自分の教授活動の準備をしておかねばならない。
■教師は，学習させようとする内容の重要さをしっかり確認しておかねばならない。
■教師は，学習者に何を獲得させようとしているのかについての欲求を持っていなければならない（すなわち，発達の最近接領域をきちんと見積もっていなければならない）。
■教師は，発達の最近接領域の内部で生徒が行うさまざまな挑戦の機会を与えねばならない。
■教師は，学習内容について時間を追って構造化しておかねばならない。
■教師は，個々の活動についての学習者の反応をしっかり振りかえらねばならない。

　社会的構成主義の立場をとる教師は，個々の生徒の学習を調整でき

る用意ができている。構成主義の立場をとる教師は，学習カリキュラムの内容やその構造・つながりを知っていて，学習者の持つ，学習に先立って既にもっている考え方を知っており，それらを支えたりそれを変更させたりする活動を指導する。

構造化，順序化，選択肢の設定

構成主義的アプローチを支える教授法では，知識を構造化し（すなわち，カリキュラムを構成し），そうした知識が新しい命題を生み出し，それによってたくさんの情報の操作ができるようになることにつながるような経験をさせることに関心を持つ。この教授法と，行動主義的アプローチとの間には明確な違いがある。行動主義的アプローチは教条主義的で分析的・客観的な特徴をもっているが，同様にかなり高次に構造化された方法を用いるものである。構成主義的なアプローチでの構造化を行う際には学習者それぞれの持つ異なった信念や理解に注意を払う必要がある。すなわち，構造化の過程ではこうした差異を調整していく必要がある。

また，学習者は発達の各段階を経験し時間や経験の経過に応じて認知的スキルを獲得していくのだという考え方と，学習者はあらかじめ決められた要件や先行条件なしに個々の経路をへていくのだという行動主義的考え方の間にも相違がある。ジェローム・ブルーナー（Jerom Bruner）は「どの教科も，どの発達段階でも，どの子にも知的に公正なやりかたで効果的に教えることができる」(Bruner, 1960: p.33) としたが，この主張は，学習者個人を扱う際もカリキュラムを扱う際にも可塑的であるべきであるという構成主義の教授法を支持するものである。構造化で重要なことは，長期にわたってカリキュラムを改変していく，ということである。例えば，学習の初期の段階で，あることがらが教えられ，同じことがらを繰り返し，後の段階でも教える必要がある。これは，知的な発達と歴年齢の進行との間には不完全な相関関

係しかない，という主張と一致している。ブルーナーは次のような例をあげる。

　素数という概念は，子どもが，豆粒を一握りして，それをテーブルに並べて置こうとするとき，場合によってはちゃんとした縦横そろった四角形に並べることができないことがある，ということを発見した時自発的につかむものだ［訳者補足；握った豆粒はどんな場合も一行に並べることはできる。例えば，握った数がたまたま4個であれば，むろん1行に4個並べることもできるが，2個ずつ2行に並べ，完全な四角形になる。6個の場合も，2個ずつ3行に並べたり，3個ずつ2行に並べることができる。ところが5個の場合，4個並べた四角形の外に1個余ることになる。7個の場合も同様に，6個並べた完全な四角形の外に1個余る。あるいは，8個の並べ方をするのに1つ足りない，とみることもできる。8個の場合は2個ずつ4行か，4個ずつ2行で可能であり，9個では3個ずつ3行で完璧な四角形ができる。1，2，3個のときは，1行にしか並べることができず，5，7個のときは，完璧に並べた四角形の外に1つあまる（4，6個の並びの外に1つあまりを置く）か，1つ足りない（6，8個の並びをつくろうとして1つ足りない）かのいずれかになる］。そうした数の豆粒は1列あるいは1列に並べられるか，不完全な行列の形すなわち，四角形に1つ余ったり1つ足りなかったりする形で並べられる。そうしたパターンをたまたま素数とよぶのだ，ということを子どもは学ぶ［訳者補足；Bruner（1973）の原著ではこの後「しかしそれを何も素数と呼ばなくても，『きちんと四角に並べられない数』と呼ばせてもいいのだ」とある。本書の文脈からはこの1文を加えたほうが分かりやすい。すなわち，素数を視覚的に捉える段階ではそれにふさわしい概念のラベルをつければいい，あとで学びなおしをする，という意味である］。子どもは，この段階を経て，いわゆる九九の表は

過不足なくきちんとした4角形に並べることのできる数量の一覧表なのだ,ということを容易に理解できる。こうして,因数分解や乗法,素数といった概念は視覚化して構成することができるのである。

(TIPS, 2009) ＊20

　この例では,ブルーナーは理解の際の視覚化の大切さを指摘している。また同時に,こうした主張は,理解の際の比喩の大切さ（Lakoff and Johnson, 1980; Rohrer, 1995; Woollard, 2004a）や,理解についてのその他のメンタルモデル・アプローチ（Anderson, 1983; Eysenck and Eysenck, 1969; Gentner and Stevens, 1983; Holland et al., 1986; Kelly, 1995）の大切さとも関連がある。

　経験の順序付けをすることは構造化過程で重要なことではあるが,1つの順序ですべての学習者にとってぴったりすることはあり得ない。構成主義の教師はいくつかの一般原理に沿って教える順番を決めていくが,やがてそれは,個々の学習者の反応に沿って可塑的に運用される。経験の順序付けがあったりなかったりすることによって学習が容易になったり困難になったりする。

　こうして構造化や順序付けの話をすると,構成主義的アプローチは決定的で,柔軟性がなく,あらかじめ決められたもので絶対的なもの

＊20　本引用文はBrunerの引用ではあるが,ネット上からの引用であり,現在はhttp://www.instructionaldesign.org/theories/constructivist.html でみることができる。この中の"Example"から引用しているが,もともとはBruner,J. S. (1973) Byond The Information Given：Studies in the Psychology of Knowing. Norton. の第24章, P.428の"The Role of Construction"の冒頭部分で,本来,「1つの例として、数学の因数分解においての」というフレーズが頭にあり,それに引き続いて,『素数という概念は,……』と続く。その前提がなくいきなり始まるので,大変わかりづらい。訳者として補足を入れたが,こちらの訳注に入れてはかえってわかりにくくなると考えあえて原著の訳の中に補足をいれた。途中1か所,引用そのものをとばしていた箇所もあり,それも加えて補足している。

である,という誤解を生み出すかもしれない。実際はまったくそんなことはない。構造化や順序付けを考えることは,学習者の活動がうまく進むことを保証するためには必要不可欠なことなのである。そこで次に,学習の順序や構造はしっかり検討されているのに,選択肢の提示を通して,どのようにして学習は調節を受けたり刺激を受けたりするのか,ということを考えてみよう。

学習が生起する環境をつくることは重要であり,構成主義がとりいれられた教室ではコミュニケーションや話し合いの機会がたっぷりあるだろうと考えるのは自然なことである。話し合いの機会を構造化することはたやすいことではなく,以下に紹介した状況の分析は,効果的な話し合いを促進する方略を見つけだすために計画されたものである。ここで話し合いには4種類の形式があるとされた。

①学習構造をはっきりとことばで言明し定義するもの
②選択肢やアイデア創出や挑戦を育むもの
③そこでの話し合いを継続し,拡げていくことを追求するもの
④学習を確認・容認するようなもの,の4つである。

ことばでの①言明(assertion)には以下のようなものが含まれる。

■用語の定義的説明
■導入,何を期待しているかの表明,恐れと学習者の現在の考え
■日程の設定,どうなるかの説明,学習環境の説明
■学習開始の合図,興味をもたせる活動,実際の取り組み(学習の準備性)
■学習成果や学習対象,学習セッションが進む中での学習のさまざまな局面/移行を含む教師の持っている計画

次に②アイデア創出(contraction)には次のようなものがある。
■ブレーン・ストーミング,アイデアのシャワーかけ,スパイダー図[*21]
■チューターや教師からの助言
■ディベート

また③継続（continuation）には
■教師が計画した学習局面や局面の移行
■先行オーガナイザー
■活動計画
■グループ内での役割（例えば議長, 秘書等々）

④確認（confirmation）には
■集団での成果発表
■宿題での作文（assignment writing）
■ホット・シーティング*22
■テストや教師の試問
■要約, 全体, 閉会のことば

等が含まれる。

話し合いのもっとも重要な形はおそらく議論をすることであろう。学習者が, 自分らの理解していることについての話し合いに入ると, 自分の持っていた信念を強化したり, 他の生徒の持っている考え方に揺らされたりする。議論についての理論からすれば, ディベートと問いかけの方法がもっとも強力な議論となる。どのような教授法をとるにせよ, そのカリキュラムの内容について開かれた率直な談話ができる機会を授業の中に取り入れることが必要である。ブルックスとブル

---

* 21 スパイダー図　蜘蛛の体を擬して、中央にアイデアの中心、その周りにそれにかかわるメインとなるトピック、さらにその先に関連するアイデアを自由に書き込んでいく。商標となっている「マインドマップ」の基本的な構成。

* 22 ホット・シーティング（hot-seating）　ドラマの稽古等で, 役柄を深く理解する手法の１つ。ターゲットになる役柄の人が椅子（電気椅子的な意味でホット・シート）に座り, 周りから, 本人がその役割人物そのものだという前提でいろいろ質問し, 役柄の人はそれに答えねばならない。

ックス（Brooks and Brooks, 1993）は，議論の中で不均衡（第1章のピアジェの発生的認識論の項参照）を生じさせる機会を設定することを薦めている。こうした機会を設定することは，ことばで個々の子どもたちの持っている現在の理解の欠点を説明する他のやり方より，子どもたちの理解をより明確にするのに効果的である，と述べている。「子どもの物の見方に気づかずに授業をする教師は，子どもたちにけだるい，見当外れの経験をさせてしまい，授業が失敗することになる」（p.60）。

オンラインでの学習場面でも，議論，学習者間の相互作用，及び意図的に不均衡状態を作り出す「健全な不一致」の効果について，同様な論争がされている。即応伝達やチャットルームのような同期的コミュニケーション手段を利用することで新たな教授法のシナリオができつつある。オンラインの学習では，ひとりの学習者がキーボードの前で，あらかじめ決められた学習材料を，コンピュータが提示する質問に答え，それがあってる，あってないと返ってくるような形での学習をする必要はない。コンピュータ支援の協同学習（CSCL）は，社会的構成主義の教授法を支援するものである。そこでは，学習者は互いに交流しあい，質問したり提案したり議論したり同意したりして自分のその時もっている理解をより深めていく。アンドリッセン他（Andriessen et al., 2003）の『議論を通して学びに至る：コンピュータ支援の協同学習の環境で直面するさまざまな認知』では，多くの伝統的な学習理論と教授法の諸原理をとりあげ，それらをオンラインまたはヴァーチャルな学習環境と関連付けている。

旧来の教室環境のなかでの学習者間の討論や議論を統制することは大変重要な課題である。教師の役割はその討論を進行させることであり，その効果的なやりかたにソクラテス的問答法がある。太古のギリシアの哲学者であり教師でもあったソクラテス（Socrates:c.470-399BC）は，訓練された実践（通常の社会的談話の制約内での）や，厳格さ（知識や理解の深さ），系統性（展望や文脈の中で構造化された），思慮深

さ（前の反応を十分に振り返った）のある対話に基づいて問いを進めていく教育方法にそういう名称を与えた。ソクラテス的問答法は，学習者に対して，自分の持っている信念が，その合理性・正当性をよく考えてみると実際どうなのか，ということに疑問を持たせることをしようとしている。

　教授法としてのソクラテス的問答法には3つの目的がある。1つは，こうして発問することは，自己評定をする機会になっているということである。これは学習者の思考そのものがどうなっているのかを自分で明らかにできるようになっている。すなわち，自分が知っていること・理解していることと，知らないこと・理解できてないこととを区別すること，自分のもっている誤りや誤概念がどんなものであるかを自己査定できるように仕向けられる。2つめは，この発問の過程によって学習者は自分が知らなかったこと・理解できなかったことと知っていること・理解していることとを区別し始めるようになる，ということである。3つめは，この過程を経ることによって，学習者自身がソクラテス的問答法をする力を伸ばし，生徒がソクラテス的問答法という強力なツールを獲得できるようになり，その先の学習を支えるものとなる，ということである。

　生徒をソクラテス的討論に導く準備をするためには，教師は，発問の技法（すなわち，発問は訓練されたものであり，系統的で，厳格で，思慮深いものでなければならないということの理解とその習得）を自分に対してもあてはめてみなければならない。最初に提示する話題からして，そこでの思考過程は系統的で厳格なものでなければならない。その系統的な側面によってどんな質問をしていこうかという展望が啓け，その話の文脈で重要な要素は何であるかが分かるようになる。そしてもっとも重要なことは，それはカリキュラムによって決定されている，ということである。厳格さは質問内容の深さ（すなわち，内容の細かい部分とその複雑さ）から生じ，その大部分は，学習者自身の知的能力によって決定される。

ソクラテス的な討論をしている間に，教師は，それとは異なった種類の質問を引き出し，話し合いを進め舵をとらねばならない。そうした質問の中には，討論中にでてくる概念を明確にするように求める質問であったりする。それはおそらく，学習者に自分の考えを繰りかえし言わせ，思考に色付けし考えを豊かなものにさせる（明確化）意図がある。また，質問によっては，生徒の考えの証拠をいわせる（正当化）ものであったり，考え方（仮定）の証明を言わせたりする（妥当性の説明）ものであったりする。また，よりよい理解を導くために，学習者に，矛盾点や相補性や異なったものの見方を考えさせたりする（熟慮）質問であったりする。

用語解説3

【明確化を導き出す質問の例】
　それって本当はどういう意味？　それ，もう一回言える？　どのくらいぴったりあってる？　それって，どんなの？　それには誰が必要？　それはどこ？　それは……とどういう関係？　証拠は？　いつ起こったの？　どんなとき言える？　それってどういう意味？

【正当化を導き出す質問の例】
　……証拠はなに？　……というのは誰が言ったの？　どうやって……ということが分かったの？　……の例をあげてみてくれる？　どうして……になったの？　どうしてそう聞いたかわかる？

【妥当性説明を導き出す質問の例】
　……とほんとに思ってるの？　どうして……と思ってるの？　その仮定は正しいかなあ？　どんな仮説を考えた？

4章　教授法

【熟慮を導き出す質問の例】
　……（選択肢の１つ）はどう？　……と較べてそれはどう？　他の人の意見はどう？　なぜ……じゃないの？　それって……よりいいのかなあ？　（選択肢の１つを示して）こっちがいいんじゃない？

　構成主義的な授業が展開される教室では，こうしたやり方を用いるとともに，学習セッションの計画を立てる際には，学習過程全体を包括した諸原理がある。学習セッションの導入期には，話し合いは，正しく，安定的で，よく知られた，みんなが受け入れることのできる，適切なものでなければならない。しかしながら，学習セッションのおわりごろには，そこでの話し合いは，予測不能で広範なもの，あまり知らないこと，いくらか論争の余地のあるもの，議論になりそうなもの，誤りや誤概念につながりそうなものになっていくであろう。授業を通してのこうした変化にはさまざまなレベルがある。それは，概念レベルのもの，議論の焦点となっているもののレベルのこと，内容レベル，リスク・テイキング，複雑性，等のレベルである。それぞれの意味は以下の通りである。

- ■<u>概念レベル</u>：具体的概念から抽象的概念へ。例えば，あるWebページのアクセスのしやすさ（具体）の検討から，Webサイトへのアクセスのしやすさ（抽象）の判断へ。
- ■<u>焦点レベル</u>：細かい点から一般的な点へ。例えば，ある１つのいいWebページの分析をし，それを精査することから，学習者が，Webページをデザインするときの基本ルールを見つけだすことへ。
- ■<u>内容レベル</u>：慣れ親しんだものから新奇なものへ。例えば，以前に議論した，いいWebページの条件を見つけだすことから，より幅広く奥深いWebページのデザインの原理を見つけだすことへ。

- ■リスク・テイキングレベル：低レベルのリスクテイキングから高レベルのそれへ。例えば，教師がいい Web ページの価値判断をしてそれをクラスのみんなに見せる，ということから，学習者が自分の考えを表現し，仲間がその評価をする（hot seating），ということへ。
- ■複雑性のレベル：単純から複雑へ。例えば Web ページのデザインについての本を読みやってみることから，教室での経験で得られた規則をはっきりと表現することへ。

このそれぞれの事例について，活動が直線的な順序ですすんでいくようにみえ，この順序性はそのみえかたの特徴からも変化が直線的な過程に見えるかもしれない。しかしながら，すでに見てきたように，学習についての理論の多くでは，循環的あるいは螺旋的な変化過程が述べられている(Bruner, 1960; Jarvis et al., 2003; Kolb, 1984)。したがって，教授法もそうした学習の循環的特徴を反映したものでなければならない。そうした循環は，大規模にも小規模にも起こる。すなわち，その授業時間の作業全体の計画，といったマクロなものから，もっとミクロには学習者間の1つの対話，といったところでもそうした循環は起こる。学習活動の順序性という考え方は，学習の循環的特徴と教えの繰り返し的な特徴の両方を映し出したものでなければならない。

学習の構造化，順序性，選択肢の設定について考察してくると，その教授法は，教師が行うべき行動として以下のような多くの行動原理としてまとめることができる。

- ■教師は，学習者がみずから望んで学習することを保証しなければならない。
- ■教師は，単純な活動からより複雑な活動へという形で活動の順序性をもたせることによって学習の構造化を行わねばならない（螺旋構造）。

■教師は，学習のもっとも基礎的な事柄として，用いる概念についてのだいたいのイメージを持たせ，それを表現し，説明しなければならない。

■教師は，視覚的表現の持つ力について十分に知っておく必要がある。[*23]

■教師は，子どものもっている概念について，子ども自身が探求していく機会を作らねばならない。特に，矛盾する状況をみせたり，代わりとなるものを見せたり，議論に割り込んだりヒントを与えたり[*24]しなければならない。

■教師は，学習者の行動を統制して，計画した学習構造や学習の順序性を保たねばならない。

■教師は，生徒の発表や生徒への評価やほめことばを通して，新しい概念を確認しなければならない。

■教師は，オンラインでの同期できる話し合いの機会の提供に配慮せねばならない。

社会的構成主義の立場に立つ教師は，学習者自身のことを知らねばならない。しかしながら同時に，カリキュラムとその構造・順序性について知り，そうしたカリキュラムをどのようにしてその内容の複雑さや多様性に合わせて異なったやり方で生徒たちに提示したらいいのか，ということも知っておかねばならない。

---

*23 ピアジェの保存課題が非保存，移行期の子どもでできないことに対するブルーナーの"Overpowering of visual display"（Bruner）での説明参照。

*24 interpolation/extrapolation: 議論に口をはさむ／既知のことから未知のことを推定する。数学では内挿法／外挿法。ここでは議論に割り込むこと／ヒントを与えること。

認知的徒弟制

社会的な教室での教授法についてのもう1つの側面は認知的徒弟制（第3章参照）である。教室での共同作業や協同作業の際には，学習者は均等な立場にある他の学習者と協同して設定された共通の目標に向かって進むと仮定されることが多い。しかしながら，学習者間の関係性が協同的か共同的かということに関わらず，小集団についての研究の中には，学習者がどんな役割をとり，どんな責任を持つかという研究もある。認知的徒弟制の基本的な考え方は，あるものは他の者の案内人的な役割をはたし，そこに学習が成立する，というものである。

認知的徒弟制理論の支持者やその教授法では，「先人がすでに行なっている実践」を引き合いに出す。認知的徒弟制は，中世の手工芸ギルドに典型的にみられるような，成功を収めた手工芸的徒弟制に基づく歴史的モデルから生じてきたものである。これは，熟達した労働者を産業革命に駆り立てたものであり，戦後イギリスで「若者が育ち，仕事につける準備ができる，保護され就業猶予がなされている時期」(Vickerstaff, 2007: p.331)として提供されたものであり，同様に，長い時代をかけて，技術や知識が世代から次の世代へと引き継がれていく，そういうものを示している。認知的徒弟制は技を持つ親方がそれを徒弟に教えるという過程そのものを表したものである。認知的徒弟制は「学び手をほんものの実践に巻き込んでいく」(Brown et al.,1989: p.32)ことであり，これは，学習の文脈化，あるいは状況学習論（第3章参照）とみなされる。これは同時に正統的周辺参加（LPP：第1章参照）と軌を一にしたものであり，そこでは，ある集団への新参者がどのようにして経験を経た成員になり，やがてはその実践共同体（COP）や協同的プロジェクトの古参者になっていくかを理論的に示している。

徒弟的な方法を身体技能ではなく認知的技能に適用するためには，通常，個人の思考を通して内的に実行される過程を，外在化（すなわ

ち，言語を通して外的に表現すること）させねばならない。親方によって示されたそうした過程を観察して，弟子は親方とは独自にかつ内的にこうした思考過程をとることができるようになる（Collins et.al.,1989: p.457-458[*25]）。ここでの教授法としてはモデリングが用いられている。すなわち，弟子は親方の行動のまねをしたりそれにあわせたりする。この方法は，学習の手段としてアルバート・バンデューラが述べたモデリングの理論で裏付けられている。そこでの学習がうまくいくためには，学習者は親方の言動に注意を集中し，よく観察し，観察したものを思い起こし，動機づけられ，それができるようにならねばならない（Bandura,1977a；1977b）。

その学習状況の中での親方の位置は大変興味深いものである。通常の教室のなかで，親方がおなじ弟子仲間での親方である場合，これを「仲間の中の親方（ピア・マスター）」と呼ぼう。これについて次のような考察が重要であろう。

- ピア・マスターの持っている知識や理解，興味によって，弟子である仲間は学ぼうとすることがらにより積極的な関わりを持とうとし，それを学ぶことの価値を認め，より良い学びの姿勢を持つことができる。
- 弟子となる教室の仲間は，先生が親方であるときよりピア・マスターの時の方がより強く，積極的に，より社会的にその親方と関わろうとする。
- ピア・マスターの使うことばは，教師より意味がとらえられ易い。教師に比べて，ピア・マスターの表現は，学習者が用いる言い回しの中のことばとしてより明確に位置付けることができる。
- ピア・マスターは，他の仲間に繰り返し教え，学習内容を繰り

---

*25 原著では 457-548 と誤記。

返すという行為を通してその学習内容をよりよく理解し，その結果，ピア・マスターはよりよい内容の理解ができる。
- ■ピア・マスターは，学習内容を仲間に伝える際に新しい単語や情報資源を創りだすことによって学習内容をよりよく理解できる。創ることを通しての学びである。

すでに見てきたように，学習者を教師の位置につかせることはたくさんの利点がある。しかしながら，認知的徒弟制のポジティブな側面は，同時にその学びの状況におかれている問題点や困難さの点からも考える必要がある。

- ■ピア・マスターが仲間を教えている間は，必ずしも学んでいるとは限らない。すなわちその間は，仲間としての徒弟を教えることに集中するのであって自分の学びに焦点をあてるのではない。
- ■教師にとって，学習内容や内容の表現のしかたを個々の学習者である生徒にあわせることは大変困難である。その点からすれば，ピア・マスターが仲間の徒弟にあわせることはもっと困難なことである。
- ■特定の学習内容について，仲間である徒弟の数にあわせてピア・マスターの数を十分に準備してもそれでは不十分である。
- ■教室のなかでピア・マスターを教師が見つけだすことは困難だが重要な課題である。
- ■どのようにして「親方」であることを見つけることができるだろうか？誰がその親方の訓練をするのであろうか？そうしたピア・マスターは，いつ他の学習内容を学ぶことができるのだろうか？

以上のような議論では，社会的な特徴を持つ教室で仲間どうしの中

4章　教授法

で親方——徒弟的関係が成立するとき，仲間としての親方が果たすべき役割に焦点をあわせてきた。しかしながら，そこでの理論や教授法は教師が親方である際にも同様にあてはまる。この理論から言えることは，あるスキルや概念の親方になるものは，学習者といっしょに作業する際には，複雑なスキルを実行する際に働いている，目には見えない過程や，概念を理解する際のさまざまな前提条件といったことがらを必ずしも配慮しなくてもいいということである。認知的徒弟制の理論やそこから派生した教授法では，教科についての知識をもっていることが必ずしも自動的にその教科を教える能力を持っていることにはつながらない，という疑問点が浮かんでくる。まさに「知っていることとそれをどうやって教えるかは別である」（Woollard, 2004b: p.17）なのである。

　この問題はリー・ショーマン（Lee Shulman）が教授法・内容の知識（PCK）という独自の構成概念を使って徹底して研究してきた。教師ならその役割は，学習者がその教師の持つスキルや知識・理解を持てるようにすることである。また，教師の仕事は，内容（すなわち知識）や概念・スキルが常に変化し続けるそのカリキュラムを教えていくことでもある。そこでその教科内容の知識を教える方法について開発せねばならない。リー・ショーマンはこれを教授法・内容の知識とした（Shulman, 1987）。彼は歴史の教科の教え方のパラダイム変化を研究し，19世紀終盤の，時代ごとに起こった出来事に焦点をあてた授業から，現在の，生徒中心の学習，個々の興味にあわせた授業，文化理解，若者理解，教室運営，行動変容，教材教具，教育政策や教育方法等を扱う授業に対照的に変化してきたことを見つけた。現在では，いい教え方とは変わりゆく知識を追って教えるのではなく，そうした知識をどうやって教えるかを知ることにあるという考え方がどんどん増えている。認知的徒弟制のモデルで重要なことは，親方はその主題にふさわしい知識や技能・理解を持っているが，同時にその内容に関連した教え方についての知識も持っている，ということである。

認知的徒弟制に基づく教授法を開発する際にそれを下支えする要件は，「いろいろあるが，その中でも特に，その教え方での見えない過程の部分を表にさらけ出すように計画されていることである。それによって生徒たちは，教師からの支援を得ながらそれを観察し，実行・実践していくことができる」(Collins et al.,1989: p.458)。生徒の学習と同時進行する教師からの教え，コーチ，専門的意見を受ける環境の中で実際の教示，助言，議論が行われ，生徒は，絶えず自分が考えたことを体で動かしたり言語化したりすることを通してスキル習得や理解に至ることができる。スキルの獲得は，認知，連合，自律という3段階を経ると言われている（Anderson, 1983）。

■<u>認知段階</u>：初心者が観察や会話や教示を通して概念理解やスキルの適用を行う段階。
■<u>連合段階</u>：学習者はスキルを使ったり概念を理解したりすることはできるが，依然，実践や話し合い，思考を通してそれが可能となる段階。
■<u>自律段階</u>：熟達者となった学習者は，自動的に，状況に埋め込まれたような形で，さして努力しなくても，活動したり概念使用をすることができる。

（Fitts and Posner, 1967;Vereijken, 1991 に基づく）

　最終的にはいかなる教授法も，それによって学習者が独立して学べるようになって初めて意義がある。ここでいう独立性とは，知識・理解・スキルの獲得を行う際に自分でできる，ということと，学習者自身が新しい知識や理解・スキルを獲得する能力を持っているということの両方を示す。認知的徒弟制での教え方での<u>重要なこと</u>は，それによって学習者が，学習材料を際立たせ，慎重に吟味し，積極的な探求を行なっている，という点にある。親方が徒弟に自分の持っている知識や思考法や問題解決の過程を際立たせて見せるのと同じやり方で，

4章 教授法

親方についていることによって,学習者である徒弟はそれらを自分で際立たせて「学ぶ」ことができるのである。徒弟が行う反省的側面は,新しく獲得したスキルと他者(親方)によって表現された別のスキルとを比較検討することである。積極的な探求という側面では,徒弟は親方のやりかたを実験したり,テストしてみたり,試しにやってみたり,徹底して調べたりする。立派な親方なら,徒弟がこういう過程を経ることによって独立性を得ることができるようになり,自律段階に到達できるということを保証するものなのである。この自律段階で学習者のスキルはより磨かれ完璧なものになっていき,やがてそれは,徒弟が親方に変わっていくという可能性を秘めた熟達者のレベル(Anderson, 2000)に到達するのである。

認知的徒弟制での教え方を採用すると,当該のカリキュラムのその領域についての重要な知識や概念,スキルを獲得する際に記録を取ることが重要であることがみえてくる。どのような教室での活動をする場合でもスキルを伸ばす場合でもカリキュラムの内容においても,学習者は次の4つのカテゴリーのいずれか1つに位置付けることができる(図 4.1)。

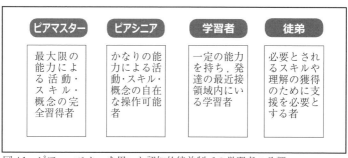

図 4.1 ピア・マスターを用いた認知的徒弟制での学習者の分類

かなりの能力を持つ学習者とは,その学習についての活動やスキル,概念を自在に扱うことができるようになった学習者である(左から2つ目:**ピアシニア**)。最大限の能力を持つ学習者は徒弟に活動やスキル,

概念を教えることができるレベルのものである(左端:**ピアマスター**。親方,といえる)。学習者の中には自在に操作可能なレベルをめざすが実際には ZPD のレベル内にいるものもある(右から2つ目:**学習者**)。もっとも能力のないものはその集団での徒弟であり,やがては親方を目指す(右端:**徒弟**)。

これまで認知的徒弟制についてみてきたが,ここから,教師のとるべき行動についての諸原則としてまとめることのできる教授法を以下のように示すことができる。

- ■教師は,その授業のその領域の活動,スキル,概念について,生徒の中で親方(ピアマスター)が誰であるのかを見極めねばならない。(「親方」の発見)
- ■教師は,その授業のその領域の活動,スキル,概念について,生徒の中で徒弟が誰であるのかを見極めねばならない。(「徒弟」の発見)
- ■教師は,かなり能力のある学習者(ピアシニア)がピアマスター(教える立場の生徒)になることができるような特別な授業を見出さねばならない。
- ■教師は,学習者を支援するとき,認知的段階から連合的段階,自律的段階へと進んでいくように準備する必要がある。
- ■教師は,ピアマスターが自分の活動やスキル,認知過程を言語的に表現することがいかに大切であるかを強調して語る必要がある。
- ■教師は,徒弟(学ぶ立場の生徒)が自分の活動やスキル,認知過程を言語的に表現することがいかに大切であるかを強調して語る必要がある。

社会的構成主義の立場に立つ教師は,認知的徒弟制の持つ価値に気づき,担任している学習者たちが持っている知識や理解,スキルを有効利用することの重要さに気づかねばならない。

社会的相互作用と教室での談話

　教師の努力目標の１つに，学習者である生徒たちが，教室で語ることは大切なことなのであって，やってはいけないおしゃべりなんかじゃない，ということに気づき，語ることそのものが保証されている，と気づかせることにある。従って，先に述べたような研究から得られたエビデンスや理論に基づいてこうして教室での社会的相互作用を進めていく検討をするためには，いくつかの，学習者の行動を制御する方略を検討する必要がある。しかしながら，先の諸研究では社会的な特徴を持つ教室を創りだすことに焦点をあてていて，授業中の型にはまった語りを促進・許可すれば，授業に関係のない不適切なおしゃべりを追いだし押さえつけることになる，というまさに古典的な教室での授業についての仮定に基づいて行われている。

　学習を高めることになる，推奨できる社会的相互作用の形態は以下のようにいくつもある。

- ■認知的徒弟制：同じクラスの仲間や教師から学習者が助言や支援を受け取る，という意味で非対称な関係にある社会的相互作用。
- ■協同的作業：他の学習者と責任を共有しながら共通の目標にすすんでいくという社会的相互作用。
- ■共同的作業：他の学習者を支援したり世話をしたりしながら個々人の目標に進んでいく社会的相互作用。
- ■道具を使った教授：個別化されたメディアを通して，一般的な助言を受けながら学習を進めていく社会的相互作用。
- ■牧歌な勉強以外の部分の支援：学習をする際に社会的・情緒的側面に焦点をあわせた社会的相互作用。

　すでに第２章（pp.41-43）でみてきたように，共同作業あるいは共

同的な活動は認知的なものと身体的なものに分けることができる。認知的な援助活動には（わざを）すること，(わざを）見せること，(知識を）伝えること，(理解した内容を）ことばで説明すること，が含まれている。体を使って共有する活動には，貸すこと，与えること，借りること（すなわち貸すことの逆），かわるがわるやること，などが含まれる。

体を使った対話状況は，そのクラスで相互作用をする際に認められているしきたりや身振りのとりかたがどんなものであるかということを示している。教師は，生徒に対する自分の行動や指導のしかたや議論の際の仲裁の仕方の例を見せることを通して学校の気風に沿った言葉遣いやふるまい方を生徒に教えている。これは，「お願いの仕方と感謝の表現の仕方」を教えるレベルや，適切な社交的・雰囲気作り的な（これは，社会的にうまく関係性を保てるようにする際，重要である）話し合いのしかたを奨励するようなレベルでも行われる。

共同活動の認知的側面とむすびついた話し合いではその学習成果に焦点を当てる。すなわち，学習者が，教えようとしたことがらにどの程度取り組んでいたかがその学習成果に現れていると考える。教師は，学習者に到達させたい明確な学習成果を設定して，学習者の取り組みのレベルを掲げることができる。シャーリー・クラーク（Shirley Clarke）は WALT, WILF, TIB という頭文字を使った測定方法を開発した（Clarke, 2001; 表 4.1 参照）。

旧来から言われているような，物を介した共同作業が行われているかどうか，は，教室の物的資源の共有がされているかどうかをみればわかる。しかしながらその時，学習者は他の資源も同時に処理している。その教室内に存在する知識や理解，スキルといった資源である。共同作業が行われているかどうか，はまた，それらがどの程度他者と積極的に共有されたり伝えられているかということにも現れる。学習者は，自分のスキルをやってみせたりする（すなわちお手伝いする）ことで他者と共有するし，自分の知識を語ることで他者と共有するし，

表4.1 WALT,WILF,TIB(Clarke, 2001 より)

WALT	学んでいることは (We are learning to……)	学習目標。授業の間にできあがると期待されるスキルや理解を明確に表現したもの。
WILF	学んで何を求めているか (What I'm Looking for……)	学習成果。学習活動の結果としてできあがる,学習者の観察可能・査定可能な行動。これを明確に述べることによって教師の評定,自己評定,仲間同士の評定ができるようになる。
TIB	なぜ学ぶか (That is because……)	学習理由。これを持つことによって学習者は,同じ学習成果を得るのに別のやり方があることを見つけだすことができる。

自分の知っていることを説明することで他者と共有するものだ。

　第2章ですでにみたように,教室での共同と協同は,はっきりと別の現象である。しかし両者は密接で不可分なものでもある。そうはいいながらも,協同の神髄は2人以上の学習者で共通の1つの目標を追求していることにある。協同によって1つのものが生産され,すべての参加者によってその生産物は所有される。そこでの生産物は学習成果であるが,教室では学習が,その教室の集団がつくりあげた物理的人工物[*26]としてトークン化されてしまうことがしばしばある。

　協同作業は集団の作業,チームでの作業と強く結びついている。協同作業を推進しその結果得られたポジティブな学習成果を有効利用するということは,そこで得られた,その原理や方略をそこにとり入れる,ということを意味する。

　社会的な特徴を持つ教室でこうして協同作業を推進していくこのモデルは,教師の行動や教室経営を方向付けるものである。協同作業は,

---

＊26 Simon は人間の高次精神機能を物理的シンボルシステム(Physical Symbol System:PSS)とし,ことばや記号も物理的人工物、ととらえている。

教師が集団やチームを創ろうとするとき，協同作業を通した方がより容易に達成できそうな学習成果を設定するとき，自然発生的に生まれた協同作業を応援するときや，自然発生的には起こりそうにない協同作業を支援したり構成したりしようとするとき，そうした教師の積極的な活動を通して達成されるものである。いい学習集団をつくるには，教師が集団のしくみを理解しそれを利用できること，それに，学習者のグループワークのスキル，知識，態度を開発していくことの両方を必要とする。表4.2には，学習者がグループワークの際，十分に貢献できるために持っておくべきスキル，知識，理解，態度についてまとめてある。

表4.2 グループワークの諸側面

	資源	カリキュラム	構造物
学習者のスキル	資源の使い方を知る（例えば鋏の使い方，特定のソフト，情報源の使い方等々）	その学習テーマをZPDに位置づける先行条件としての経験をすでにしている	その役割遂行に必要なスキルを持つことでその役割を十分に遂行できること
学習者の知識	どのような資源が利用できるのかを知る	その活動の目標や結果，どういう形になればうまくいったのかなどを知る（WALT, WILF）	集団のなかでどのような役割を果たせばいいか，その活動をする際にどのような責任があるのかを知る
学習者の理解	資源を選択する際にその資源の適否，有効性，適切性を理解する	その活動をする根拠を理解する（TIB）	集団作業をする際の役割や責任を理解する
学習者の態度	資源を共有したり貸し借りしたりすることに対する特質やレディネスを尊重する	その学習テーマに動機づけられ学びたいと願う	その集団に参加し貢献したいと願う

教室の中でチームを作る際には，グループ間での関係性の要因もあることを除いて，グループワークの諸原理に基づいて行われる。在来型のグループワークでは，グループ間の共同作業もみてとることができる。チーム作業では共同作業が競争作業に置き換わったり競争によって共同作業の質が高められたりする。共有したり貸したり，借り

たり売ったりという共同的な活動は，特定の資源を獲得したり処分したりすることで得られる戦略的利益があるので，この共同作業の後者部分の特徴である借りたり売ったりするという活動に移行するものである。公正な状況下での競争では，すべてのチームに等しく結果が得られる可能性が与えられ，等しい成功基準が与えられねばならない。すなわち，教師には，特定の集団の要求にみあったように成功基準を変える，という自由度はない。

競争には動機づけを高めたり（特にもう少しで終了しそうなときの激励とか），活動のスピードが速くなったり，目指す成果がなんであるのかがはっきりしてくる，といったようなたくさんの利点がある。リーダーシップを促進し，その結果チーム内での役割分化が進む。また，戦略的思考ができるようになり，協同作業の質を高める。競争的要素がはいっているので議論はより白熱し，こうしたことから，競争によって高度な社会的スキルをのばしていく絶好の機会となる。また，競争的作業をすることによって，スパイ活動やさぼり，といった活動の道徳的・倫理的問題点についての議論をする機会も得ることができる。

競争は，教室での活動として必ずしも適切な活動だとみなされているわけではない。競争をすれば勝者もでれば敗者もでる。競争とは「他者を打ち負かし自己の優位性を獲得することによって何かを獲得したり勝ちを収めたりすること」(Oxford University Press, 2009) である。傷つきやすい者に対する教師の責務，という言い回しは，実は，そうした生徒を敗者とみなすことはいやなものだと感じる，という意味である。この世ではたいてい，競争的状況への参加は自発的で自主的になされるものである。むしろ人々は，隣人，親族，同僚や友人といった，関係を持つようになった人とは協同的な関係を形成するものである。これらのことを考えると，学習の領域に競争的な性格を押し付けるのはおそらく適切なことではない，といえる。競争によってチームのメンバーは，学習に対してではなく勝つことに対して注意を集中し

てしまう。この点は重要な批判点であり、すべての教師は、競争的状況を作る際にはこうした点に敏感でなければならない。

社会的な特徴を持つ教室は、学習者はひとりあるいは小グループで学び、学習活動は静かに行われるものだという学習観に終止符を打った、という形でその特徴を述べることができる。社会的な特徴を持つ教室で協同的活動がうまくいく場合には、以下のようなことがらは決してみられないであろう。

■授業と関係ないことでおしゃべりしている学習者集団がある。
■何もしてない者、不適切なことをしている学習者がいる。
■手を挙げて、教師に指されるのを待っている学習者がいる。
■全く静かに作業している学習者がいる。

次のような活動は協同作業を推進させる。

■集団に名前をつける（すなわち、集団の成員にアイデンティティと責任感を持たせる）。
■1人の学習者がなしとげたことを集団の成員として祝福する（例：サリー・ジョーンズの「エメラルド・グループ」）。
■集団の気づき・掲示板を作る（すなわち、アイデンティティを高め、達成目標をより明確に示すことになる）。
■義務と課題を明確にする（例：グループごとに1人、資源を集めたり作業を指示したりすることにたいしてのスケジュールを組んだり指示したりする）。
■物理的に教室をいくつかに分ける（例：4、5、6のグループになるよう机を並び変える）。
■座席を決める（すなわち、席が固定され、前の時間にやった活動が今に引き継がれる）。
■スタートの合図係を決める（すなわち、ペアで完結できるような

ちょっとした活動をセットする)。

　こうした活動を通して,集団の成員間の相互依存性が集団の気風を育み,そこで必要な共同作業によってより公式の,持続可能な協同作業の礎をつくるのである。また,教師のさりげない行動によって協同作業が奮い立たされることもある。協同的作業集団の全成員にごほうびを与えることによって集団への参加を高めることもある。例えば,「デーヴィッドのグループは先週すごくよかった。だから,このグループには今日ごほうびカードをあげよう!」など。

　協同作業が自然発生的には起こってこないような状況でそれを支援したり起こさせたりすることはとりわけ重要なことである。2人の生徒をつかまえて,「……だからいっしょにやってみなさい」と言いながら個人的なレベルで直接介入する。このやり方は,以下のようなことから有効であると考えられる。すなわち,2人の生徒はやるべき作業については同じように興味を持ち,注意を集中しているのではあるが,社会的には互いを避けているのである。このような場合に強制的にペアを作るのは集団作りの最初の段階として重要である。あるいはまた,ペアのうちの1人がもう1人から影響を与えられ続ければ課題を継続することができたり,学習成果に到達できたりするような状況にあるのである。

社会的相互作用を通して個人を支援する

　すべての生徒たちが教室での活動をとおして抱く教育的諸要求がどんなものであろうと,それを満たしていくことはわれわれの責務である。多くの場合,社会的な特徴を持つ教室では個々人に対してよりおおくの支援をすることができる。そこでは仲間の支援がごく自然な活動であり,生徒は,困った時には積極的に他者に助言を求めたり支援を求めたりする。しかしながら,ある種の要求を持った生徒にはそ

うした教室は動きづらい場所ともなりうる。例えば，注意欠陥（AD）の学習障害を持つ子どもにとっては，社会的な特徴を持つ教室では，そうでない教室にいるときよりよけいに社会的相互作用を起こすことに困難を感じるであろう。特殊教育（特別支援）の必要性をもった生徒の取り扱いと社会的な特徴を持つ教室の運営はいずれも，可能性と困難さという両方の側面をもっている。

以前第2章で行った議論から，学習における社会的相互作用の重要さと社会的・情緒的側面の重要さがみえてきた。イギリスでの多くの教育方法を支えているこの領域での主要な研究から，そこでは全体論的なアプローチが大切であることが分かってきた。すなわち，個々人の社会的・情緒的要求は，教室，学校，教育委員会全体の協力で充足させることができるのだ，ということである。「みんなといっしょに作業するということをだめなことだと考える必要はない。というのは，問題を抱えた子は，自分がたったひとりであると感じる時より，みんなといっしょのときの方が，そこで提供されるサービスをより多く活用しようとし，そうすることにいい感情を持つからである」(Weare and Gray, 2003)

社会的な特徴を持つ教室での共同作業について考えてきたことからみえてくる教授法として，教師のとるべき行動についての原理を以下のようにまとめることができる。

■教師は，自分自身の活動，教示，忠告を通して生徒たちの共同作業や協同作業を激励すべきである。
■教師は，学習者の教室での話し方や行動一般を考慮にいれて，教室での行動の規範，教室のルールを明らかにすべきである。
■教師は，自分が教えるそれぞれの教科書のなかで出てくる競争的作業の持つ，可能性と困難さが何であるかを明らかにすべきである。
■教師は，学習者が自分の学習にとって必要なグループワークでの

4章 教授法

スキルや知識,理解,態度が何であるのかを明らかにすべきである。
■教師は,体系的で一貫したやりかた(例えば WALT や WILF の方法)で学習目標や学習成果を明確にし,その教科内容をなぜ学ぶのかについて明確にすべきである。
■教師は,学級全体での議論や小集団での議論を通して,学習者の社会的・情緒的な発達を支援するべきである。

社会的構成主義の立場に立つ教師は,教室での共同的な相互作用の重要さに気づき,それが仲間の支援や社会性の発達にどれほど大切であるかについての自覚をもたねばならない。

【要約】
●アンドラゴジーとサイバーゴジーは,ペタゴジーや教授過程の理解の際には重要な概念である。

●認知的にも情緒的にも,学習に対する準備ができているということは重要である。

●教えを計画する際には,教材を構造化し,学習の順序を決め,選択肢を設定することが重要である。

●認知的徒弟制によって文脈化された学習や協同作業が可能となる。

●社会的な相互作用を計画し,育まねばならない。

―● 発展課題 ●―

▶本章の内容に照らして,構成主義的な教授法の重要な側面を考え,どうやればそれを授業の方略に活かせるかを考えよ。

▶教授法における次の諸概念を比較対照せよ。
協同と競争,認知的徒弟制と小集団での作業,学習内容の構造化／学習順序と社会的相互作用

5章 授業方略

【本章のねらい】
本章では,構成主義的な手法や方略が実際の教授場面で,学習者に対してどのように現れるのか,ということを,具体的な8つの事例を紹介しながら明らかにしていきます。教師の授業計画,授業のシナリオ,実際の教え方がどう解釈できるのか,について,事例の紹介とその意味の解説をしていきます。

　社会的構成主義の視点からすれば,生徒に教科内容の習得に向かわせる活動や,あるレベルの文化的融合を促進させるような活動をさせることによって,教師は教室での中心的な人物であり続ける。これはたまにみられる誤解された構成主義の主張とは正反対のものである。

(Hyslop-Margison and Strobel, 2008: p.72)

　これまで詳細に検討してきた,構成主義の考え方と学習の持つ社会的側面についての諸原理に基づいて,様々な学習状況で教師が見出し用いている一定の方略[*27]があることがわかる。教師は必ずしもいつもそうした原理に基づいて学習活動を意識的にデザインしているわけではない。すなわち,勘で教授法をデザインしたり,こうすればうま

---

　*27 Strategy は「戦略」と訳されることも多いが,方法を使う方法,いわゆる Method のメタの概念とし,方略と訳することとする。鈴木(2000)参照。鈴木克明(2000),教授方略　坂元・水越・西之園(代表編集)『教育工学事典』実教出版

くいくという経験からデザインすることもある。しかしながら，多くの教師は，生徒の学習を激励するときには期せずして他の教師と同じようなやり方をとるものである。本章では，こうした方略のいくつかについて考え，実際にその方略が使われている様子についてみていこう。

構成主義的な教師の授業方略

本節では，自分が教えているクラスで，社会的学習の側面を促進することに積極的な教師のとっているいくつかのやりかたの概略をおさえておこう。こうした教師は，授業を計画したり実際に教えたりする際には，どのような形ででも生徒が社会的相互作用や議論ができる機会を提供することが効果的で生産的なやりかたである，と考えている。

いわゆる「構成主義的な教師」の教室では，次のようなアプローチのいくつかあるいは全部を使って子どもたちの学習を勧めていることが明らかになっていくであろう。

■教師は，学習者の自律性と主体性を尊重する。
■教師は，一次資料と物理的材料を利用する。
■教師は学習者の反応を考慮し，それを学習の進展に役立たせる。
■教師は，新しいことがらを教える際にはそれに先だって，学習者がどのような理解を持っているかを見極める。
■教師は，学習者が教師と，あるいは学習者同士で話し合いすることを勧める。
■教師は，学習者がよく考えた自由自在な質問を教師にすることで思考することや探求することを奨励し，学習者同士で互いに質問しあうことを勧める。
■教師は学習者の反応がより精緻（せいち）化してくることを求める。
■教師は，学習者が矛盾を感じるような経験をさせ，その後の議

論に進んでいくことを勧める。

(Brookes and Brookes, 1993 より作成)

　上記のリストは決してあますところのない徹底的なものとは言えないが，こうしたアプローチはすべて，構成主義の立場の基本的仮定を基礎にして学習の過程を支援することを意図している。すなわち，学習は，個人的に知識や理解が構成されていく個々人の過程であり，それらはその個人の先行経験の上に築かれる，という仮定である。

　社会的構成主義や社会的学習理論の諸原理を大切にする教師もまた上述のいろいろなアプローチを利用する。教師はまた，これら以外の他のアプローチも利用するものであり，第4章でその考え方のいくつかを詳述している。

　個々の教師は，生徒の学習を推し進めるのにさまざまなアプローチを用いるものだ——本章の後の部分でそのいくつかを見ることにしよう——，ということを心に留めておこう。それでもなお，教師が，学習を社会的に媒介されたやりかたで進めたいというこだわりを持って教室での学習活動を計画する時には，次のような活動やアプローチが行われるであろう。

■さまざまな種類の話し合いを用いる。そこでは，伝統的な学習指導方法では孤立化をひきおこし結果的に「静かな」教室になってしまうようなワークでの環境も含まれる。
■先行して持っている知識を確認する。
■学習者は，ペアやその他のグループになって学習課題を共有する。
■学習者は自分たちがやってきたことを説明する。
■「できる子／できない子」をいっしょにして作業や会話をさせる。
■子どもは自分で（体を使って）できることを主張する。
■子どもは，それどうやってやるか（例えば数学の問題）を説明する。

■教師は,質問する。
■教師は,自由回答形式の課題を用意する。
■生徒の思考・解決過程での反応すべてに対して足場かけを行う。
■モデルを示したり,モデリングの技法を用いたりする。
■他の子との相互交渉を推し進めるような,また,それを必要とするような宿題を与える(例えば,話し合いを必要とする課題,特に実習を要する課題など)。

また,社会的学習の観点から計画された教えの状況においては,一般的にその教室には以下のようなことがらが「ない」という特徴を持つ。

■暗記学習。
■静寂の中の作業(授業時間のほとんどが)。
■学習してほしい事柄について期待を込めて,その事実や情報の要点を学習者に「語る」こと。
■算数や国語の練習活動の全体を教師が引き受けること。

以下の8つの節では,教室その他の学習状況での小実践[*28]が紹介されている。以下のそれぞれでは,学習者が計画された学習成果に到達できるよう,教師が,社会的学習ということを心に留めて,選択した,上記の諸原理・諸特徴のうちの少なくとも1つ——多くは複数——が含まれている。

(1) 先行知識を活性化させる

この具体例では学習者はKWL(表5.1)の枠組みを用いるよう指

[*28] Vignette をここでは挿絵的なちょっとした実践の紹介に使っているので,「具体例」の紹介,という形にしたい。

導されている。ペアになって，生徒たちは

「K：自分の知っていること」

「W：自分が見つけだしたいこと」

「L：ここで学んだこと」

をはっきりさせる。

具体例1

30人の10歳から11歳の子どものクラスで，教師は，乗り物の歴史という新しいトピックの授業をはじめるところであった。この特別なトピックはビクトリア王朝時代のことを幅広く知るためのものの一部であった（QCA, 2009参照）。

1つの実験として，また，クラスの授業の手助けの1つのやり方としてKWLグリッドが用いられた。これは授業のトレーニングセッションのときに情報の取り扱い方法についての指導を受けるもので，構成主義や社会的構成主義での授業の場にしっかり根差しているものである。教師は決して自分が行っていることの理論的背景については触れない。KWLの枠組みを使うことによってクラスのメンバーが作業の出発点に立ち，何を探求するのかについてねらいを定めることの手助けになるよ，ということだけを述べる。

KWLグリッド（知りたいこと，見つけだしたいこと，ここで学んだこと）は，生徒があるトピック全般について考える際に，ほぼブレインストーミング的なやり方で考えることができ，また学習者に，自分が応えるべき解答をする特定の質問に焦点化することができるようにする1つの思考の装置である。こうすることによって，どんな情報資源をブラウジングすればいいのかに焦点があてられ，実りを得やすくなる（KWLグリッドとその利用についてのより詳細な情報はオーグル（Ogle, 1989）とレイとルイス（Wray and Lewis, 1997）を参照されたい）。

表5.1 知っていること，見つけだしたいこと，ここで学んだこと（KWL）グリッド

知っていること	見つけだしたいこと	ここで学んだこと
①北極クマやペンギン，セイウチなどは，地球上のとても寒いところに住んでいる。 ②ペンギンは飛べない。 ③皇帝ペンギンはペンギンの中で最も大きい。	①他にどんな動物がそういう寒いところに住んでいるのだろう？ ②そこの動物たちは争っているのか，仲良く暮らしているのか？ ③みな泳ぐことができるのか？ ④北極クマには別の種もあるのか？	①アシカやアザラシ。異なる種の鳥。 ②ペンギンは南極にだけ住んでいて，北極クマは北極にだけいる。これらの動物はお互い出くわすことはない。 ③北極クマは泳ぎが上手である。 ④北極クマは1種類しかいない。ペンギンにはいろんな種類がいる。

　教師は，「みんながいつも使っているものがどこからきて，だれが作って，最初はどんなものだったのだろう，ということを見つけだしてみましょう」，という形でそのトピックについての授業の導入を行った。クラスのみんなに，自分たちがこれから学ぶことはどんなことなんでしょう？という形で学ぶ目的をそれとなく示している。これは時間をとりそうなので，自転車に乗るまねをして，これで学ぶべきトピックが確定したことになる。教師は手をあげるふりをしながら2，3の最初の質問をする；「自転車持ってる人？」「先週自転車に乗った人？」「車輪が3つある自転車をなんといいますか？」「車輪が1つのものをなんといいますか？」

　次に，ペアになって，KWLグリッドを埋めていく最初の課題を与える。このグリッドを使うのはこのクラスではまったく初めてというわけではない。前の理科の授業の時間にやったことがあった。ここでの授業計画は，2人でいっしょになって議論し，「知っていること——ここでは『私たちが知っていること』と表現を訂

5章 授業方略

正した──」を3つあげ，2列目「見つけだしたいこと」では3つの疑問点を書き出していった。

　教室のメンバーはこれに熱中して取り組んだ。およそ5分くらい経ってから教師は生徒たちをいっせいに集め，ここまでどんなことをしたかを振り返らせた。教師は，クラス内のそれぞれのペアから出てきたいろいろな知識を共有し，他のメンバーからの意見に照らし合わせて当初「自分たちが知っていること」であげた内容をより時間をかけて再考させ，自分たちが答えを見つけだしたいと思われるように質問そのものを変えていくことを目論んでいた。

　教師は，電子黒板の電子めくり絵の機能を使って各ペアの発案を手短にまとめて教室のみんなに注目を促した。

　情報の共有の過程には多くの時間を費やした。これは，授業のどの段階においても，教師が補足的な議論をしていくための時間をとるためであり，教室のメンバーが，自分たちが気づかなかった意見とか自分たちの意見とはあわない意見をみたりすることができるようにするためであった。1つ例を紹介すると，あるペアが，ペニーファージング（前輪が大きく後輪が小さい自転車）[*29]が最初の自転車だ，という意味のことを述べた。これはただちに，一輪車が歴史上車輪を用いた最初の自転車だ，という事実を調べていた男の子の反論を受けた。教室の中でわいわいがやがやと議論がされた後，教師はみんなを落ち着かせ，この2つの例のどちらかは最初のものではない，ということを確信を持って知っ

[*29] 自転車の歴史
　http://cycle-info.bpaj.or.jp/japanese/history/nenpyo/nenp06.htm
　アリエル（1870）イギリス
　スターレーとヒルマン製作

ている者がいるか？　を問い，この研究で重要な局面になってきたことをそれとなく示した。教師は，意見の一致をみないこの２つのペアに対して「見つけだしたいこと」（KWL グリッドの２列目）の１つにそれをあげ，あとの段階で教室のみんなにそれを報告させ，事実を集めて先に進むよう指示した。意見の不一致は他にもあり，これらは同じようなやり方で処理された。初期の自転車の開発に多大な貢献をしたジェームズ・ステアリーがその学校のある町（コヴェントリー）に住み働いていたことに気づいたのはたった一人の子どもであった。

　教室のメンバーは KWL グリッドの最終局面（「ここで学んだこと」）に取り組むことになり，ここではワークブックではなくコピーされて配られた用紙を使って作業した。そこで行われる会話は声の大きなものであったが，よく観察してみると，その会話はすべて，とりかかっている課題に関連するものであった。自転車とは若干ちがう話に入り込んでしまったものもいたが，全般的にはペア同士で多くの議論がなされていた。時には教師がちょっと介入することもあったが。授業の最後の短い全体会では，課題は完結されていた。すなわち，先行して持っていた知識や経験が持ち出され，利用され，クラスのみんなはその作業の次の段階，すなわち，問いへの答えを探る段階に進むよう誘いがかけられていた。

<u>コメント１</u>

　ここで用いられた，先行知識を活性化するよう計画された方略は，教師がたいてい使っているやり方である。それは，教師が個人に対してもグループに対しても，与えられたトピックについての既存の理解や知識を振り返らせ探索させるものである。そのやり方としては，直感的に行なったり，思い起こさせる指示としてきわめて素早く行なったり，より詳細な部分に注意がいくように時間をかけてするという形

で行われた。スキーマ理論（Bartlett, 1958; Johnson-Laird, 1983）からみれば，学習者が既に知っていること・理解していることを振り返ってみる時間を持った後に新たなトピックが与えられることは，スキーマの活性化と呼ばれている。これは，学習課題や学習活動によってある種の抽象的スキーマが作動する，という考え方である。ピアジェ理論で言えば，同化と調節（ピアジェの業績のこの部分についての概観はWoolfolk, 1993を参照のこと）がそこで行われたとすれば，その人の持っていたシェマが前面に呼び起こされ（同化）そのシェマが変更された（調節），ということになる。要するにシェマが活性化されそれを使用する準備ができるのである。

　社会的に構成される学習という考え方からすれば，そこでの学習活動で強調されるのは他者といっしょに作業すること，である。KWLグリッドを使うのは，1つの理念的なメカニズムを想定しているからである。第一に，他者といっしょに作業すると先行知識が活性化される。第二に，最初はペアになって，次により大きなグループで，そして次に教師と，さらにクラス全体で互いに語り合い議論し説明しあうという機会を通して，研究しているトピックの特定の側面に焦点をあてることが奨励されている。実際には教師がグループのメンバーに，自分ひとりでそのグリッドを埋めなさい，と指示することもあるだろうが，もしそうしてしまえば，他者の考えや経験を聞く機会，自分の記憶を行動や考えに移し替えたり，事実を思い出したりする機会を排除してしまうことになる。要するに，協同的に作業をする機会を持つことによって，もしそうしなければ，学習者も教師も得ることのないであろう幅広い可能性が開かれているのである。

（2）コンピュータを介した協同作業をさせる

　社会的構成主義の実践についてのここでの事例は，学習者が，便利なオンラインのチャットルームを介してコミュニケーションをとる，

というものである。

> **具体例2**
>
> 実際に行われている社会的学習の事例として，ここでは，Webサイトの評価をする際の学習者間の社会的相互作用や話し合いを教師が推し進めている事例をみることにしよう。ここでの授業は，まず，オンラインのWebサイトを評価することから行われる。次の段階では，閉じられた，したがって安全なメディアであるチャットルームを使って，コンピュータを介した話し合いが行われる，というものである。
>
> 授業は巨大な都市部のセカンダリー・スクールで，高い能力のある，男女混合の9年生（14歳）クラスの生徒を相手に行われた。教師にとってその授業は，チャットルームを使わずに以前やったことのあるもので，そのときは教師自身，うまくいかなかった，という感想を持っていた。今回はその授業の発展形であった。授業は，英語で行われ，子ども達が検索に行くWebサイトの情報源の信ぴょう性と，そこに書かれてある内容の両方を評価することが課題であった。生徒たちは以前，公式な書き方と非公式な書き方の違いを探求する1つのやり方としてチャットルーム活用をしたことがあった。生徒たちは全体としてはさまざまなアプリに対して情報技術を駆使することに熟達していた。生徒たちは互いによく知っていて，お互いに助け合うことも好評で，コンピュータを使って作業することにも熱狂した。
>
> 生徒たちは事前に決められたWebサイトに入り，その内容と作り方をよく見極め，特定の，これを見る人――この場合は歴史のプロジェクト研究の授業を受けている自分たちより年少の子どもたち――を想定して，そのWebサイトのみかけ，操作性，内容の正確さ，アクセスのし易さ，という点から質の評価をするよう求められた。

その教師が以前同じようなグループにWebサイトの評価をさせた経験では、ペアになって作業しなさい、と伝えても個々の生徒たちは一人ひとり別々に作業をした。すなわち、一人ひとり自分の目の前のコンピュータを用い、自分一人でノートを作ったりしていた。ここでの学習活動の目的は、ただ単に記述的な文章を作るのではなく、支持されるエビデンスを含んだ評価的な文章を作るよう、生徒を移行させることであった。その結果として生徒たちが評価の過程をよりよく理解できるようになることを教師は願った。これは、コンピュータ技術を介した活動をさせる際、その技術の獲得ではなくその学びの領域の学習成果に到達させることを目的とした良い事例である。

今回の実践では、生徒は個々にパーティションで区切られたチャットルームのコンピュータがあてがわれ、本人とその教師だけがそこで書き込みをしたり読んだりすることができた。チャットルームでの最初のメッセージは、教師から、授業に先立つ準備として送られた。そこには、その授業での活動内容、生徒が評価すべきWebサイトのアドレスが示されていた。教師は、その授業についての形式ばった導入的指導は必要がないと考えていた。というのは、前の授業の終わりにその詳細は説明していたし、授業は短く時間は大切であったからである。生徒たちは教室に入り、ログオンし、チャットを開始した。

生徒の中にはすぐにはやるべきことが分からない者もいたが、その質問に対して自分なりのやりかたで応えてそうした子を支援する者もいた（これがその作業についての社会的側面の現れの最初の例である。これは計画していたわけではないが、自発的に偶然起こったのである）。教師は、自分が誤った情報を与えてしまったな、とか、生徒たちがまちがったとり方をしてそのままになってるな、とかいうことが表面に出ない限り、子どもたちに介入する必要はない、と考えていた。

ペアどうしでの話や相互のやりとりの最初の段階を終えると，生徒たちは比較的静かに作業を始めた。全体として課題に関係した，小声での会話であった。

　やがて個々が眺めた Web サイトについてのコメントがチャットルームに流される時間が来た。それぞれのペアで合意したコメントを送ると，教師はそれに対するコメントを返信した。これは，ペアが自分たちの見解やコメントをよりいいものにし，最後には問題としているサイトについてバランスのとれた，客観的な評価をだすことができることを推し進めることができるようにと計画されたものである。そのサイトは，自分たちより年少の子どもたちが見たとき，それにあった形式や適切な内容で作られている必要があった。初めのうちは，子どもたちの出したコメントは，その Web サイトについての内容やみかけについて焦点を合わせたものであった。

　教師は，生徒との意見交換をするにあたっては鋭敏な感性を働かせた。例えば，投稿されたものがうすっぺらで焦点の定まらないものであれば，教師はフレーミングの方略を用いた。すなわち，もとの投稿に対して，批判的でいくぶん見下げるようなメッセージを送ることで，その生徒からすぐに反応が返ってくるように仕向けた。その意味でこの当初の交流は，ある程度社会的ではあるが，この授業の目的そのものにあわせた交流ではない。教師は，生徒のコメントの言い回しや形式に短いほめことばのコメントをいれることで，生徒たちからの適切な反応に対して正の強化をすることができた。これは，よりよく適切に的の得た会話を育てていくのに効果があった。

　しばらくたって，チャットルームには別の話題あるいはスレッドが現れた。これはたいていが特定の Web サイトに関連するもので，同じサイトについて評価していた者たちは，自分がそのスレッドについて作業していることや他を見てないことなどについ

て,そのスレッドに反応し投稿することに集中した。チャットルームの中で,特定のサイトをみていた小さなグループ間でそのサイトの特徴についての議論ができ,ただ単に見かけ上の記述的なコメントではなく批判的なコメントに発展していった,という意味でこの作業はうまく進んだといえる。授業が進むにつれ,チャットルームに送られた多くのコメントが無視されるようになってくることが明らかになった。そうしたコメントは,自分たちの直接的な関心にあわないものであった。しかし,教室内のあるサブグループでは,あがってくるサイトについてのコメントについて,いちいち投稿し議論をし続けるものもいた。

　教師は以下のような役割を担った。スレッドを見つけだしたり新たに立てたりすること,スレッドをいっしょにし,時には1つに統合すること,またあちこちでおなじスレッドが立てられていたり授業目的にあわないスレッドがあったりした場合にはそのスレッドを閉じる,ということも行なった。

　教師は,生徒たちの立派な評価活動をつかってモデリングすることもあった。投稿の中から拾い上げてきたある立派な評価の仕方について,「これはいい」とみんなに公開するわけである。教師は「みんなが言おうとしていることの例をあげるね」とかそういった形で直接的なコメントをいれ,最終の,Webサイトの評価がうまくいくように計画するのである。

　議論の時間の終わりにかけて,教師は個々の生徒に対し,自分が評価するときの着目する側面についての要約を提出するよう告げた。他のメンバーはそれぞれの要約についての反応をするよう求められた。これは実際,当初の計画を変更して次の授業でも続けられた。というのは,その時間は,重要な意見共有の機会や,すでに終わった学習成果に対して貢献できる,他者からのコメントやフィードバックを得る機会になりかけていたからである。

　2時間目の終わりには,教師は,異なるコメントのあるスレッ

ドを大きなスクリーンにいっしょにまとめて映していった。教師は投稿されたなかでより詳細で構成的な評価であったものを呈示し,生徒たちの注意をひきつけた。授業と授業の間の休憩時間に,教師は,評価についての投稿からチャットルームでのチャットに関心を移し,探し求めていたものが何だったかを例示できるようなコメントを拾い上げていくことにより多くの時間をさいた。

　２コマの授業の後の非公式な話し合いの中で,教師は,今回の授業での作業がうまくいったことを話した。彼は,この授業でのもっとも重要で最終的な学習成果は,どこででも使えるようなWebサイトの評価を集めることではなく,評価過程の理解を共有し,社会的に構成することであり,どうやればことばが特定の聞き手(ここでは歴史のプロジェクト研究の授業を受けている,自分たちより年少の子どもたち)にとって適切な「素材」となるのか,を理解することであった,ということを強く確信していた。

コメント２

　この具体例では,社会的学習の重要さを支持する幅広い教え方が紹介されている。ここでは同時に,議論は必ずしも顔と顔をつきあわせてする必要はないことも示している。ICT技術を介した遠距離での会話も,同席しある課題を通して協同的に作業するときと同様に有効なこともある (Barak and Block, 2006;Bernard et al., 2004; Danet et al., 1995; Freiermuth and Jarrell, 2006; Grigsby,2001; Kordaki, 2005; Richards, 2003)。この具体例では,チャットルームの投稿者たちは実際に同じ部屋で同席しているが,まるで別々の場所に置かれているような気になり,１つの同じグループにいるように感じたという者もいた。実際のところそうであろうが,チャットルームを使うことによって生じた膨大な量の文字出力と関連のある投稿は,同じ作業を通常の教室で行った場合に比べてはるかに多いことは疑うべくもない。

　ここで述べていることは,教師がいかに重要であるかを示す１つの

5章 授業方略

大きな事例である。本章の冒頭の引用でみたように，教師（指導者）の役割は決定的に重要である。すなわち，教師が授業を計画すること，準備すること，実際に授業に参加することは授業が成功することにとって本質的に重要なことである。教師がいかなる種類の介入もフィードバックもせずに授業が進行することはしばしばある。その場合，生徒個々人のおこなったことがどのくらい良かったかを示す唯一のものは，時折返ってくるテストの評定点であったり，返却された提出物への教師のコメントであったりする。

それに比べて，ここで紹介した具体例の場合，教師からの絶え間ないフィードバックと相互作用の流れがあり，そのことによってチャットのスレッドのコメントがどんどん発展していった。チャットルームはインフォーマルな学習を育てるには効果的なやり方である（Willett and Sefton-Green, 2003）。個人にとってもグループにとっても，教師の役割が決定的に重要だというもう1つのことがらは，いい投稿がモデル化される，という点にも表れている。モデルとなるいい投稿を紹介するのは教師であり，そのモデル投稿には，いい評価にはどのようなものが含まれ最終的にはどのようなものにすべきか，という実際の事例が含まれているからである。

教師は，グループのメンバーが送ったチャットでの，効果的で有益な評価の基準にみあった投稿について，そこの部分を指し示すことでモデリングをおこなっていた。全体的にグループの成員は，徒弟制的な学習の説明（Bandura, 1997a and 1997b; Lave, 1988）の際に行われるように，提示されたモデルに合わせた行動をとりがちであった。明らかに単なるモデルの観察や模倣とは異なるものもあったが，教師が示した投稿をモデルとしてスレッドへの投稿が行われているケースもいくらかあった。事実，いくつかのケースでは，書き方のスタイルがクラスの他のメンバーが示したモデルに基づいていると思われるものもあった。

（3）ペアでの作業をさせる

この具体例では，ペアでの作業の可能性について紹介する。そこでは，ピアでの議論や不一致解消，社会的相互作用や話し合いについてみていく。

具体例3

生徒に課題を協同して行わせた前年度の自分の実践や，継続的に行なわれている教職開発（CPD）のセッションでは，協同させる課題であったのにどうも本質的には個人作業であったようにしかみえなかった，という経験を踏まえて，1人の女性教師が，地理学の授業での教育方法を変更した。その授業は，さまざまな土地[*30]と，世界中の地理学的に重要な特徴をよく見て，地図帳を使ってそれがなんであるかを見定め，適切なラベルをつけた世界地図・ローカル地図を完成することであった。この授業は，田舎の小学校で，能力も性別も混在した28名のクラスで行われた。

前年度の授業を振りかえり，町や郡，川や山脈その他知っておくべき事柄の名前や位置を知らず興味や関心もない生徒たちに失望していたので，彼女は『イギリス連邦の土地，世界の土地をさがそう』というセットになった本を探した。これは彼女が前任校で数年使っていたものである。その本のコピーができないこと，その本でもともとやられていたような同様の情報探索や練習ができるWebサイトを選んでICT活用することにした。彼女はICTの活用には若干の不快感をもっていたが，便利で使えるものはよく利用していた。教室には使えるコンピュータが2台あり，他の

[*30] Place:「土地を知る」という意味で，場所，名前，風土，特徴等地理学上のあらゆることがらを含んだ意味で「土地」とする。

5章 授業方略

教師との交渉で使える共用の部屋には別に6台のコンピュータがあった。

この教師は生徒たちにWebサイトを紹介し，やるべきことを伝えた。そこでは，国土や州（英国で），川や湖，山脈などを含む，さまざまな国や国際的な特徴についてラベルをつけるか名前をつけるという一連の課題について，個々に指示し作業を始めさせた。教師の計画としては個々に作業をさせることであったが，こうした作業を進める際には当然，会話も起こってくる。教師は喜んでこれを認め，CPDセッションで経験した，協同と議論，という考え方と一緒だと考えた。その時は，議論や協同作業が起こってくるという潜在的可能性を十分には自覚してなかったし，ペアで作業をさせると学習への熱気も最終的な学習成果も良くなるのだ，ということも十分な自覚はなかった。

この学期のこの授業でこうした作業が行われている期間中に，熱気が高まってきたことが分かってきた。雨の日の遊び時間や授業開始までのようないろいろな機会を利用して子どもたちはコンピュータでWebサイトに行き，いつも決まってペアや小グループで作業をしていた。コンピュータの周りで交わされる会話の質は，高度な学問的レベルであることもあった。例えば以下のような例である。

A君：「インダス川はインドにあることは知ってるよ。でも，ガンジス川も……，ここ見て（地図を示し），右に丸く回っているよ。」

B君：「よくわからないけど……もっと大きな本（地図）で調べてみよう。東，いや西にまがっているかなあ？」

A君：「東……いや，西かな……よく分からない……大きな本みてみよう」

学期が進むと，教師は学習の進め方を変更した。教室には2台

のコンピュータがあったので，この作業はクラス全体の一斉の活動としてではなく，その日のうちの別の時間帯で順番に作業を仕上げるものに変更した。ペアで作業する機会を提供することによってより高次の会話や言い争いや交渉事が生まれ，それらがやがて満足感を伴う和解につながっていくことを期待したのである。そして彼女が最も期待したことは，休憩時間にもそうした活動をするという新たな学びが起こることであった。実際にそれは起こった。その作業を心から楽しみ，学習内容に真剣に取り組み，使える参考書を使ったりしていた。テストで測ってみても個人的印象で測ってみても，それは高次の学習活動となっていた。

利用した Web サイト
http://www.mape.org.uk/startower/world/resources/broken.htm
http://www.nwlg.org/pages/resOLirces/mapganies/geog.html
http://www.niape.org.uk/startower/world/index.htm

コメント3

　この事例は，当初クラスのメンバーがとりたてて熱狂的になるようなことのない，ありきたりの授業が，どのようにしてみんな興奮してきて授業での作業に熱中し，教師が設定した望ましい学習成果にむすびつくのか，ということを，議論を基にした合同作業を勧めることを通して示した，いい事例である。

　この教師は当初，ペアで作業をさせることにはあまり気乗りがしなかった。それは，協同作業は個人作業に比べて価値が低く，時にはごまかしをしている（Williams, 1999 の，このことについての面白い見解を参考にせよ）ようにもみえることがある，という考え方が基にあったからだ。しかしこの考え方は，教師が次のような授業を進めていくなかで消えていくこととなった。すなわち，教師は，授業のなかで協同作業をすることと議論することを勧め，CPDの研修セッショ

ンの中で指導者から言われていたことではあるが,子どもたち自身が正規の授業時間以外のところでも作業をするようになってきたのである。

その授業が進むにつれて,その作業の中身についての議論やその作業の持つ半ば協同的特徴が現れてきた。その1つの理由は,教室内の2台のコンピュータは隣どうしにおいてあり,教師は個々の生徒に同じ時間に同じことをさせていた,ということからであり,また別の理由として,自分たちが何をしているのかについて語り合うというのは当たり前の傾向であり,とりわけ,だれか他の人も同じ作業をしているのだと気付いた場合はそうやって語り合うのは自然の傾向である,という理由からであった。ヴィゴツキーや他の研究者の研究から,語ることは,きちんとした学習をするための媒体であること,はよく知られている。

フィッシャーとラーキン (Fisher and Larkin, 2005) は,「語ることが好きで,仲間と自信を持って熱狂的に語りをするが,学校では,いつ,どのようにして「語って」もいいのかを教師や他の大人に「統制」されているのだ,ということを明確に認識している (p.13)」子どもたちの像を紹介している[*31]。この研究では,子どもたちは圧倒的に自分たちの行っている作業のこととか,その他のトピックついて語りたがっており,「子どもたちはありとあらゆることがらについて語ることを好んでいるという印象」(p.13) あった。これはなるほどそうだ,ということを,われわれの多くは経験から知っている。そうして,社会的学習,という点から考えると,子どもたちの語りを当該の作業を完遂する方向に焦点を合わせて誘い込むことこそが学習を高めることに役立つのだ,ということが分かる。

[*31] 上野直樹 (1992)。『「言語ゲーム」としての学校文化』 佐伯 胖・汐見稔幸・佐藤 学 (編)『学校の再生をめざして1:学校を問う』 東京大学出版会 参照。

この具体例では，教師は当初，子どもたちをこのようなやりかたでいっしょに作業させることに対して皮肉な態度であったことを告白しており，CPDでの研修で得たものに対しても確証は持っていなかった。しかしこの見解は，その期間の授業を通して逆転したのであった。

（4）大人が教え方を学ぶ（正統的周辺参加の大切さ）

　この具体例では，プログラムができるおもちゃを使って，大人が大人に教える過程を別の大人がどのように学習するか，についての徒弟制のモデルを紹介する。これはまた，正統的周辺参加（LPP:Legitimate Peripheral Participation）が重要であることについての例証でもある。

具体例4

　ここでの事例は，バンデューラが学習をどのように社会的なものとみているか，徒弟制のモデルでみているかを示したものである。幼児教育研究の学位取得につながる学位基礎科目（Foundation Degree module）での大人の集団の授業のなかでみられたものである。この授業は子どもの学習，ICT活用に関するものであった。

　その集団は，上級TAのための学位基礎科目の授業を受ける20名の女子学生から成っていた。参加者はすべて何らかの形で幼児教育施設で働いた経験をもっていた。保育園にいたものもいれば，幼稚園にいた者もいれば，さまざまな保護・支援の施設にいた者もいた。学生の年齢は22歳から43歳まであった。学生たちのICT利用経験については，自分自身のための利用であったり子どもといっしょに使ったりと，幅広いものがあった。コンピュータをよく使う職場（例えば銀行，医療事務など）にいたものもいれば，これから受ける授業以外ではコンピュータを全く使ったことがない，という者もいた。コンピュータのスキルをほとんど持たなかった者は，自分たちが取り組んだ授業での作業状況を評価してみる

と急激な学習曲線を描いた。なぜなら，彼女らは報告書を電子的に提出せねばならず，したがってワープロを用いねばならず，後で紹介する教えるセッションやその後の宿題ではオンラインでの情報資源を得ねばならなかったからである。

この授業で焦点が当てられたのは，プログラム可能なおもちゃや，デジカメ，顕微鏡やビデオカメラといった周辺的だが課題に関連した人工物の使い方であった。授業の内容を説明する導入部の後，実践に入った。一連の課題はセットになっていた。生徒たちは，最小限の支援で課題を完遂することが求められ，どの機器についても操作法についての説明はいっさい与えられなかった。こうした状況を作ったのは，集団での学習が成立する可能性を描きだすためであった。この集団には，機器によっては利用経験や習熟度が多様なメンバーがいて，彼女らの内での話し合いや議論，観察が重要な役割を果たす，と考えたからであった。

この具体例での課題は，全体からランダムに選ばれた6人の学生で成る集団で行われることになっていた。あと2つの別の集団も同じ課題を与えられた。

集団に与えられた課題は，3つのビーボット（踊る床走行ロボット）[32]が振りをあわせて踊る，短い踊りの振り付けをすることであった。ビーボットは，かなり幅広く使われている，プログラム可能なおもちゃである。「ビーボットは修学前期（4歳5歳）やキーステージ1[33]（5歳から7歳）用に作られたプログラムができる床走行型ロボットである」(Kent, 2004)。ビーボットやその他のプログラミングが可能なロボットを使って年少の子ども達でも遊びを通して「統制する」ことを学び，指示言語やその他たくさんのことを学ぶことができる。ビーボットは子どもの小さな手にもちょうどいい大きさであり，直感的に，簡単に使えるようにデザインされている。子どもは，おもちゃの背中にある大きな矢印のついたボタンを押して，前や後ろ，左回り，右回り

に動くようプログラムすることができる。直進では前後ともに正確に15センチのステップで動かすことができる。回転は正確に左右ともに90°回転する。全部で40ステップまで記憶させることができ，それを再生させることができる（TTS, 2009を参照のこと）。グループの中には1人，子どもとビーボットを一緒にちょっとだけ使った経験のある人がいた。また，1人は今使っている，

＊32 ビーボット（Bee-Bot） 訳者（田中）は2台所有（直輸入）。2011年6月30日アクセス

http://www.tts-group.co.uk/shops/tts/Products/PD1723538/Bee-Bot-Floor-Robot/Bee-Bot Floor Robot

＊33 p.82 Key Stage 1
イギリスの学校での段階表示は以下のようになっている。
　キーステージ1　5歳から7歳　Year 1,2
　キーステージ2　7歳から11歳　Year 3,4,5,6
　キーステージ3　11歳から14歳　Year 7,8,9
　キーステージ4　14歳から16歳　Year 10,11
　　＊キーステージ1の前　4歳から5歳　Early Years
◎イギリスの学校制度
　Pe-School　修学前教育
　Primary Education　初等教育
　Secondary Education　中等教育
　この中等教育の修了資格試験がGCSE：General Cirtificate of Secondary Education　中等教育修了資格試験

という人もいた。それ以外の人達はビーボットやそれに類するおもちゃも全く使ったことがない、という人たちであった。

こうした活動に対して、少しやったことがある、という学生も含めて、一切の統制のプログラムも組まず、課題を遂行し始めようとしないという形で明らかにやりたがらない者もいた。

しかしながら、徐々に、ちょっと知識を持っている者は他のメンバーをリードし、短時間だが実験を始めた。すなわち、ほとんど知らない、と言っている1,2の学生が、他の学生はうしろに立っているだけなのに、リードする人たちのしていることに未熟なコメントを入れたりした。こうした、グループワークの最初の段階での、作業に取り組まず参加しない人たちの身体言語は大変興味深いものである。ビーボットは床の上で使うので、これのボタン操作をする者はひざを立てたり座ったりして行う。その操作に参加しない者は腕組みして立ったままであり、自分たちと、カーペットの上で展開されている学習活動との間に敬遠した距離を置いたままである。彼女たちは実際、その活動ではまさに周辺的な位置にいるまま（Bandura, 1977；Lave and Wenger, 1991）であるが、自分たちより若干ノウハウを余分に持った人たちのしていること、言っていることに関心を持っているのである。

その後起こったことは、実際、非常に驚くべきことである。バンデューラの社会的学習のモデルは、正統的周辺参加（LPP：第1章参照）のことを示している。この現象を視覚的に捉える事ができるようにしようと思えば、このグループの生徒たちの体の位置関係や、行われた観察行動や発したコメント、熟達化の程度を示すそこでの諸反応などを記録・表示すれば良い[*34]。課題はほんのわずかずつではあるが完成していった。ビーボットを操作する（すなわち、プログラミングする）者たちは、いっしょになっ

＊34　田中（2004）のモデル図。

て作業しいろいろ試したりしていた（高度に社会的構成主義的なやりかたであった）。一方でそれをしない者は自信なさそうであったが，グループの代表としてやってくれていることに多大な関心を示していた。

　試行錯誤や一定の成功をおさめて少し経ってから，課題はいくぶん完成に近づき，やがて最終的な成果である振りをあわせたダンスをさせる段階では，その最終作品はグループ全体で共有されていた。この段階では，周辺的だった参加者の中には自分自身でいろいろ試してみる，ということを行うようになる者もいた。ビーボットはグループで使われてない，他に余分のものもあった。プログラミングの考え方やビーボットの使用にまったくの素人であった者は，ペアになったり，また一人で，どうやったらうまく構成された動きの連続を作ることができるのか，特定の課題をどうやって答えればいいのかを試してみたり，その考えを発展させてみたりしようとした。当初はビーボットにプログラムを組み，特定のところまででかけ，戻ってくるようにさせることに努力した。これができるようになると，もうちょっと拡張的なターゲットを立て，次にそれを完成させた。20分以内に（観察する限りでは15分くらいで）そうした初心者は単純なものではあるが興味深いダンスの動きを創作し実際に動かすことができるようになった。もう少し時間があれば彼女らも，グループ全員に課された当初の課題に応えることができたであろう。

コメント4

　これは，初心者が，自分より熟達した実践者の実践を観察し，なんらかの方法でその人といっしょに関わり，そうしながら自分自身が特定のスキルが使えるようになりそれを発展させていくその過程を，社会的学習理論ではどのように説明するかを示した，簡単だが簡明な事例である。そうした過程には，公式な制度的なものもあれば，非公式

な個人的なものもある。この具体例ではその状況を２つの用語で適切に表現している。すなわち,「徒弟制モデル」と「正統的周辺参加」(Bandura, 1977; Lave and Wenger, 1991) である。これらは,熟達者と初心者の関係性に基づく学習のモデルを述べている。こうした２つの理論的立場（これらは非常に緊密な関係がある）で説明される,学習が進行していく際のそうした状況での両者の関係はものすごく大きく変化があり得る。熟達者が,複雑な領域で複雑なスキルをどうやって実行するのかを説明する,親方としての熟練工だとしよう。例えばパイプの接合部をどうやって拭いておくのかを親方が説明する。これは配管を完成させるには必要なスキルなのである。

> 接合部を拭くことは配管工にとって昔ながらの謎であった。それは太古から近年まで親方の熟練工から徒弟への手ほどきとして,ずっと維持されてきた。すなわち,管接合の秘儀として鉛とスズの特殊な合金を使うというスキルでありそういう知識であった。
>
> (Innes, 1949: p.275)

この状況で重要な点は,初心者は親方が見せてくれることを観察する,ということである。両者の間には別の相互作用（例えば会話とか質問,回答など）もある。場合によっては親方が初心者の腕をつかんで導くということもある。例えばテニスのコーチは初心者の手や腕をつかみ,特定のストロークはどのようにして打つのか,を教えることもある。

ここに紹介した具体例では,この活動の最初の段階で初心者は非常にはっきりとした周辺者であった。与えられた課題に対しての取り組みが周辺的であっただけではなく,物理的位置関係からしても行われていることがらの周辺に身をおいていた。すなわち,うしろに立って,行われている作業に自ら注意を向けることを避けているかのようにほとんど眺めているだけであった。こうした状況を社会的学習状況の初

期段階だとみなすことができる。また，それをこのように考えることは，こうした過程を実にうまく表したものといえよう。例えばある部族の村のなかで，その集団の若いメンバーが成長・発達して日々のその集団の活動を支える有能なメンバーとなるには，初期段階で，かなり多くの決定的に重要なさまざまなスキルを獲得せねばならない。こうした特徴を持つ集団は，その集団が生き残り繁栄していくためには協同作業（例えば狩りなど）をする必要がある。

　子どもは，大人がある課題を行い，ある任務を引き受けているということを眺める多くの状況の中におかれている。その大人の活動の正統性が示され，初めのうちはほんのちょっとずつ，周辺的に参加していくうちに，成熟にあわせて，あることがらのやりかたをみせてもらったりするにつれて，その共同体での大切な大人になっていくために必要なさまざまなスキルを発展させていくのである（LeVine et al., 1994）。彼らはその集団の日常生活の活動に参加していくにつれて，徐々にその社会状況において安全に共同的に生活していくのに必要なスキルや理解を広げていくのである。

(5) 協同して学ぶ

　協同作業は社会的構成主義に基づいた学習活動を創り上げるもっとも効果的な手段の1つである。以下の事例では，生徒たちは，バレーボールの試合でどうやって得点をつけるのか，ということを学ぶ。

具体例5

　このエピソードは，10年生の新学年の生徒集団での体育でのGCSEの授業からとってきたものである。そこでは，バレーボールの得点化システムをよりよく理解させる試みがなされていた。この教師は，そのグループの半分以下の生徒は採点の仕方を容易に理解することができないことに気づき，できるだけ早く改善し

5 章　授業方略

たいと切望していた。そのことによって他の，コートやネットを使うゲームでの採点のシステムを比較し，幅広く同じようなゲームに適用可能な統一されたシステムを考案するという本来の課題にとり組みたいと望んでいた。

　教師のとった行動は，自信を持って採点が行える者とそれができない者とのペアを組ませるという単純だが深い配慮のあるペア作りであった。教師は生徒たちにバレーボールの試合のビデオを見せ，音を消して共同でそのゲームの得点化をするよう伝えた。

　教師は，得点化しているそのペアをそのままにしておいて，グループの残りの者に採点システムの比較とかの別の作業をさせることもできた。彼女は決してペアでの得点化の作業の進捗状況を監視するようなことはしなかったが，初め試合の得点化ができなかった子が，グループの中でかなり正確に得点化のシステムのことを説明し，短い練習ゲームでの得点化ができるという力があり実際にそれができるようになったことを次の週の授業で知り，満足した。

　彼女は，初心者の生徒たちにどのようにしてビデオで作業していたのかを聞いた。どのケースでもそこで説明されたことは同じようなことであった。すなわち，初心者の生徒たちは，エキスパートから得点化のシステムがどうなっているのかを教えてもらい，ゲームの進行に沿って，エキスパートがゲームの途中，実況中継をしたり紙に得点を書き留めたりしながら得点化している様子に数分間耳を傾けたのであった。初心者たちは質問をし，エキスパートと同時に得点化しようと試み，徐々に得点化に参加し，その決定をするようになってきた。しばらくして，エキスパートは声に出して得点化することをやめ，多少上達してきた初心者にその仕事を預けるようになってきた。間違いがあるとその都度果敢に修正した。ある時はエキスパートが単に間違ってるよ，と伝え，正しい得点を教える，というやりかたであったり，またある時はエ

> キスパートが，初心者のつけた得点に「ほんとにそれでいいの？」
> と問いかけたりした。[*35]

コメント5

　ペアの一方がエキスパート，もう一方が初心者という形でパートナーといっしょにリラックスできる雰囲気の中で作業をすることが非常にうまくいく，ということがこの事例でみられる。これは，具体例4で，熟達者／初心者の状況，徒弟制のアナロジーでみてきたこととよく似ている（Bandura 1977; Lave and Wenger, 1991）。そこには話し合いや，周辺参加という考え方がみられた。初心者は状況を観察し，徐々にその課題に参加していく徒弟の位置を占め，エキスパート（徒弟の親方）の指導を受けながら新たに獲得した知識やスキルを利用していく。比較的短時間に，またほんのちょっと実践をしてみただけで初心者は得点化のシステムを理解し，そのシステムを説明できるほどまで，ある程度その経験を内化するようになり——そうしたことは，ペアになるまではできないことであった——，さらに実際の場面で得点化のシステムをきちんと使えるようになったのである。

　この事例では，仲間のエキスパートによって足場かけの支援が得られた。ゲームのルールを混乱して理解していたことから始まり，それが，同様のゲームや他の得点化のシステムにも適用できる汎用性のある理解に進んだのである。

　このやりかたは，いつでもうまくいくとは限らない。こうしたアプローチでうまくいく条件の1つは，ペア内での関係がうまくいっているかどうか，にある。教師はペアやそのほかの集団作りの際，注意深く行わねばならない。友達同士でのグループ化がうまくいくこともあるが，いつもそうであるとは限らない。お互い良く知らないどうしの

---

*35 Lave and Wenger（1991）の中の操舵手の学びの例（田中，2004）の紹介を参照のこと。

ペアであったり,熟達化の程度や自信,カリスマ性などの点でペアのあいだに不均衡があると認知された場合にはうまくいかない可能性がある。たいていの場合,ペアを作ったりグループ化したりする場合にはよく考え,モニターしていく必要がある。ペアで作業したり,課題の正統性や意味について議論したりすることは,社会的構成主義に基づいて行われる教育の重要な特徴である。

(6) カリキュラムを横断して協同する

この具体例では,同じ概念を異なった視点,異なった経験を通して眺める生徒たちをいっしょに集めることによって学習がいかに高められるか,についてみていくことにしよう。その活動のなかで,学習者は,社会的相互作用や仲間との会話,焦点づけられた課題を通して共通の目標に到達できるよう協同する。その後のコメントで,協同作業,促進的相互交渉,個人の責任と対人的スキルの特徴についてしっかりと振り返ってみよう。

具体例6

大学院修士課程レベルのCPDコース(継続的教職開発)での経験と研究をもとにして,教師は,2つの,関連はあるが対極的な位置にある領域(すなわちコンピュータ科学と電子工学)で学ぶ学生に,協同的活動を通して,互いにそれぞれの領域では常識的に捉えられている概念を相手に教えることを要求した。

教師は11歳から18歳の子どもの通う中等教育機関で働いている。その教師はGCE[*36]コンピューティングを教え,もう1人の同僚の者はGCE電子工学を教える。それぞれのカリキュラムで

---

*36 GCE:Genaral Cirtificate of Education 教育資格
　　GCSE:General Cirtificate of Secondary Education 中等教育資格

用いられる個々の概念は同じようなものであるが,それぞれの教科は異なった実例,説明をする際の異なった比喩,理解したかどうかを測る異なった試験を用いて,異なったやり方で教授・学習される。

学校の正課の授業時間に協同作業を時間割として組み込むことはできないので,この研究は課外の時間に組み込まれた。そこでの活動は,問題を解決し共通の目標に到達するためには,生徒たちが協同して作業せざるを得ないように計画・デザインされていた。この活動には教師が介入することは全く計画されていなかったが,安全性確保,という理由で教師もその時間に加わった。

生徒たちはさまざまな道具やソフトウエアや,あらかじめ誤動作が組み込まれたデスクトップパソコンを使うことができた。生徒たちにはその日の目標として次のようなことがらが掲げられていた。すなわち,組み込まれた間違いを見つけだし修正し,コンピュータをできるだけ早く取り外し,正しくそれを付け替え,OSをインストールし,いくつかの外付けのハードウエアを接続し,インストール済のソフトウエアを用いてプログラムすることが課題であった。

生徒たちには,与えられた問題を解決するために自分たちの持っている知識を持ち出しあうことが要求された。電子工学の生徒は,トランジスターやクロックや基盤についての知識を提供することができた。コンピュータ科学の生徒は,高度なレベルの装置やソフトウエアについての知識を提供できた。課題を遂行するためには,彼らは互いに質問したり,答えたり,フィードバック情報を与えたりという形で効率よくコミュニケーションをとる必要があった。1つの事例を紹介すると,ある生徒が部品を間違え,別の生徒がそれに気づき,正しく直すことができた。2つの学問領域の知識が1つになる,という現象は,放熱器についての議論をしているときに現れた。コンピュータ科学の生徒たちはどう

やってそれを組み込むのかについて知っており，電子工学の生徒はそれを組み込む目的を知っていた。しかし，それをどんな構造にし，どんな素材を使うか，については両者の議論のあげくに生まれたものである。

　協同作業がうまくいったことについては，ある生徒の「自分自身よく知らないことについては仲間から学ぶことができる」という発言でうまく要約できる。

<u>コメント6</u>

ここでのカリキュラム横断的な協同活動を振り返り，記録を読み返すことから，この教師は協同作業についての5つの特徴を見出している。積極的な相互依存，促進的相互交渉，個人の責任，対人的スキル，共通の目標，の5つである。

①積極的相互依存

　グループの1人の成員の成功は，グループの他の成員も成功したのでなければ成功とは言えない（Falchikov, 2001; Gillies, 2007）。個々人の努力は，グループの全成員が特定の個々の目標を達成し，それがグループ全体の目標達成に貢献できるよううまく共応される必要がある。成員の相互依存性を促進するためには，この目標設定は，グループにとって表に現れた明確なものでなければならない。ギリース（Gillies, 2007）は，グループの目標に向かってともに作業しているときには，そのグループの成員は，競争をしているときとかひとりでやっているときに比べて，より強く相互に依存しているのだ，という気持ちが強くなる，としている。これは，その成員がお互いにどうやって関わろうかということを決める際に効果を発揮している。クルーク（Crook, 2000）もまた，その『協同学習再考』の中で，こうした相互依存性を，グループの成員間での話し合いを生じさせる1つの動機づけである，としている。

②**促進的相互交渉**

　グループの個々の成員が，自分の成功は実は他の成員が成功するかどうかにかかっているのだ，ということに気づくと，その個人は自分の行動を変容させるものである。すなわち，グループとしての共通の目標と，他者が個々に持っている個人的目標とのあいだに関連をみつける。生徒たちは，他者を援助し，役に立つフィードバック情報を与え，話し合いをし，資源を共有しながら他者の行う努力を激励し促進して，グループとしての目標に到達していく（Gillies, 2007）。

③**個人の責任**

　促進的相互交渉によって，グループの成員が他者に対して本人の能力を最大限生かすように他者を手助けすることができるのではあるが，個々の成員は，自分自身も最高の努力をして最高の行動をとることにも責任がある。グループの成員は，グループの目標達成を目指して自分自身もそれに貢献する責任があるのだ，ということを受け入れなければならない（Gillies, 2007）。グループの成員は，集団の目標を達成するにあたって，自分自身の努力を仲間に最大限示す責任があるということが分かって初めて，より望ましい行動をとるよう動機づけられるのである。ファルチコフ（Falchikov, 2001）は，個人の責任というものは，成員全員が，集団共通の目標の達成に関連した作業を公平に分担して行なう責任を引き受けた時達成される，としている。ひとたびグループの成員が自分の責任を自覚すると，それはグループ全体の共通の目標達成の追い風となるのである。

④**対人的スキル**

　聴くこと，順番に交代すること，共有すること，生産的なフィードバック情報を与えることは，協同的なグループワークの基礎を

なすものである。グループの成員は必ずしもこうしたスキルを持っているわけではない。ファルチコフ（Falchikov, 2001）は，仲間での教えあいについての研究（第2章[*37]のスキルのストリーミングの部分［P.20］参照）で，こうした社会的スキルを伸ばしていくことの重要さについても強調している。

⑤共通の目標

協同的作業を行わせるために組まれた実際の課題の型式は，そこに，メンバー全員が作業して向かう目標が設定されていれば大して問題にはならない（Falchikov, 2001）。

クリスチャンセン他（Christiansen et al., 2003）の数学教育の領域での研究によれば，この集団の目標は協同作業の間に変化するものである。課題遂行の最初の段階で各メンバーが，自分たちは共通の目標が分かっていると信じていても，それは，協同作業での実際の活動によって変化しうるものなのである。このように実際には課題を無視したり目標を変えてしまったりすることがあるが，課題には，学習者の思考の方略を指示したり，葛藤を処理したり，学習者間の実際の相互の関わりを決めたりすることができる潜在的な力が必要である（Selby, 2009）。

（7）ペアでゲームを製作する

この具体例では，学習や創造的な活動が協同作業を通していかに促進されるか，ということ，および，学習活動のシステムとしてだけではなく生徒の立場からみても，カリキュラムをうまく進めていくことがいかに作業の分担（労働の分業）[*38]を推し進めていくのか，ということをみていこう。

＊37 原著「4章」はまちがい。

舞台はイギリス南部の 11 歳から 16 歳の中等学校で，ここは，うまくいっている ICT 部局が，ゲームのデザインを通してコンピュータのプログラミングを教育カリキュラムに組み込んでいこうとしている学校であった。その活動は，ICT 教育カリキュラムの開発という研究プログラムの一部としてもモニターされた。

> **具体例7**
>
> 　このペア作業の事例では，能力の異なる 13 歳から 14 歳の生徒のグループがゲームメーカー社のソフトウエア（http://www.yoyogames.com/make）を用いて，16 時間以上の作業時間でコンピュータゲームをデザインし開発した。このプログラムは初心者にも近寄りやすいもので，より能力のある生徒には複雑なゲームも作れるようになっていた。生徒たちは図形を創り，イベント[*39]やドラッグ＆ドロップアクションをそれに与え，それを統制した。生徒たちは，動かしたり，形を変えたり，描画したり，得点化したり，といったことをするための標準的なアクションライブラリーを使うことができたし，ある記述言語（GML）を使うことによって自分たちの作ったゲームの機能性を拡張するようなコードを書くこともできた。
>
> 　ここでの作業はまず，自分たちが作るゲームの計画を立てる前に，グループごとにいくつかのオンラインゲームを調べることから始まった。彼らは自分たちが使うことになるソフトウエアであらかじめ作られたコンピュータゲームで遊び，それによって，そのプログラムの持つ潜在的可能性や限界を知ることができた。
>
> 　次に，一連の，画面ごとに内容の変わるビデオでの指示書を見て，自分たちのゲームのデザインをする前に，ゲーム作成用のソフトウエアについてのスキルを身につけた。ゲーム作成の過程には，ゲームの物語を作るスキルの開発，ゲームの仕組みの理解，絵や音の創造・操作，それにゲームのプログラミングそのもの，

といったものが含まれている。それは魅力的ではまりこんでしまうような、創造的な活動である。また、多くの子どもたちは家庭のコンピュータゲームで遊んでいるので、学校外の学びの文脈の中で獲得した先行する学習成果を利用することもできるのである。

ある拡張された研究プロジェクトでは、ゲームを作成したりペアで作業をしたりする経験をしていた生徒は全くいなかった。生徒たちはペアになって研究し、計画を立て、デザインし、実際にコンピュータゲームを作成し、そのゲームがより歳の低い子どもたちに適切かどうかを検証した。ペアでの作業は積極的に評価できる経験であったとするものが圧倒的に多く、それぞれの生徒は相手を、自分を助けてくれる、重要な学習のパートナーであった、とみなしていた。

ペアによる作業の面白い結果の1つに、ペアのなかには、課題を分割し、ゲームの別々の側面について個別に作業し、その結果、共には作業せず音声データとしてもまったくとれなかったものがいたことである。彼らは、そのように課題を分けるほうが効率が

＊38 Division of Labor
活動システムの1つの下位システム。「分配」のシステムの構成要素。

＊39 イベントは、プログラミング言語での、一種の手続き的知識。"If P, then Q."の形で表される知識で、Pの部分に条件、Qの部分に行為（アクション）が入る。例えば、ある図形の上にマウスマークをのせ、クリックするとそれが消える、という場合、イベントは「マウスマークをクリックすると図形が消える」というもので、ゲームはイベントの集合、ともいえる。

よく，より早く課題がこなせると考えていた。彼らは，自分たちはいっしょに作業した，と主張しているが，ここでは，共通の作品に対して作業した，という意味にとどまっている。ペアのパートナーが両者ともに，同じコンピュータ上で同じ課題を解決する際にともに作業した，といえる実際の事例は，主にプログラミングをする段階で発生しており，それも思ったほど頻繁に起こっているわけではない。

　いくつかのペアでは，自分たちが作ったゲームの独自所有権を強く主張する者もあった。これは「自分たち」のゲームであって，教師に，「暴力場面はいけません」とか，「キャラクターやゲームの物語は『政治的に正しい』ものでなければなりません」という制約を押し付けられることに対してはいやがった。ペアによっては教師の介入を望まれざる妨害とみなし，それだけ自分たちの活動に没入していたことがうかがわれる。

<u>コメント7</u>

　この具体例では，生徒がペアで作業をしなければならないという条件によって，その創造的な過程やプログラムを学習するということがいかに影響をうけるのか，についてみてきた。こうした効果にはポジティブなものもあればネガティブなものもあった。ペアでの活動がうまくいくためには，協同的な作業に関連するスキルや教師からの期待をあらかじめ生徒に教えておく必要があることも明らかである。

　プレッシャーのかかった，目標指向的な雰囲気の中でパートナーと作業させることは，生徒たちに作業（労働）の分担を押しつけているように思われ，それぞれが与えられた作業の1つの側面に対して責任を持てばいいのだと思わせてしまう。これは熟達者／初心者の状況がつくられた（Bandura, 1977; Lave and Wenger, 1991）時のことを語った具体例4との類似性はない。しかしながら，そこでの会話の中には，それぞれのパートナーが相手の作業を短時間だが眺めているという周辺

参加論の影が含まれて見えていることもあった。これは明らかにヴィゴツキーのZPDの考え方を例証したものである。すなわち，ZPDとは，

> 問題解決の際より能力のある仲間との協同でうまくいく発達のレベルのことである。……他者の支援があったらできることのほうが，一人でできることよりも，ある意味で子どもの精神発達状態をより直接的に示したものである。
>
> （Vygotsky, 1978: p.85）

重要なことは，ICTの領域においては，プログラミング，システムデザイン，専門的相談や商品開発はチームでおこなわれ，協同できるスキルは必要不可欠である，という点である。

（8）共同して誤った結論に至る

この具体例では，学習においてある条件が満たされないといかにそれが阻まれるものであるか，についてみていきたい。それに続くコメントで，社会的学習の見地から，教室の成員の学習成果を改善させそうないくつかの示唆的なことがらを述べていきたい。

具体例8

気圧について考える理科の授業で，教師は，内側の圧力を低くした缶にかかる気圧の効果を示す際によく使われる実験をしてみせた。

用いられたクラスは6年生のクラスで，10歳から11歳の子どもたち，13人の男子，15人の女子であった。教師の知る限り，気圧に関連した内容がこのクラスに紹介されたのはこの時が初めてであった。このトピックを最初に紹介したとき，クラスのみんなは全体として，圧力という概念一般について，そして気圧という特化した概念についても，ほとんどがはっきりとした知識をもっ

ていないことが明らかになった。

　そこで行われた実験は、5リットル入りの灯油缶に似た缶のなかの少量の水を熱することから始まった。缶の中の水が沸騰するくらいの高温になってから、その缶を熱源からおろし、すぐにねじ式のふたをし、冷ました。

　水の温度が沸点に近づくにつれて缶の内部の空気の温度もあがり、膨張し、ふたの穴から外に抜け出ていた。水も非常に温度があがり、その大部分が蒸発し、その缶の内部を蒸気で充満させた。明らかに蒸気の内のいくらかは缶の注ぎ口から外に逃げ出していた。注ぎ口に蓋をした後その缶は、自然な状態で冷まされたが、その後しばらくして、5分から10分くらいの後、缶の内部の空気は冷まされその体積は減り、内部の蒸気は凝縮され再び水に戻ることになる。缶内部の蒸気の体積は、内部の水の体積に比べてはるかに大きなものとなる。缶の内部の空気が冷えることと蒸気が凝縮されることが相まって、蓋をされた缶の中の気体の総量ははるかに小さなものとなり、内部の圧力が減る。そこで、外部の空気圧が内部の圧力より高くなり、外部の圧力によってその缶はみごとにつぶされてしまうこととなる。

　仮に教師が、缶が冷えるのを自然に任せていたなら、すべては上記の計画通りに進んだであろう。しかしながら、ここでは時間があまりなく、この実験を早くやってしまわねばならないと感じていたので、この教師は、水道の蛇口につけたホースを通して、缶の外側に冷たい水を吹き付けたのである。これは、缶を冷やす、という過程をきわめて効率的に推し進めたことにはなる。

　缶を早く冷やしたいために缶に水をかける、ということをこの教師がしなかったなら、このクラスでは、本題に関係のないようなできごとは起こらなかったであろう。しかし実際には、缶に水をかけるという余計な行為を教師がしてしまったために、実験して示されるはずだと想定していた現象に混乱を引き起こしてし

まったのである。

　クラスの生徒たちが見たように，水で冷やすことによって，缶はかなり大きな，しかし一瞬の，金属を押しつぶしたような音をたてて内側にこわれる，という想定された結果を引き起こすことができた。この現象について議論させることなく，教師はいつもの3グループの討論グループの席に戻るよう指示した。彼は，今見たことについて話し合い，缶がどうしてあんなに劇的な形で壊れたのか，について説明するよう求めた。教師はこの実験について5分間討論するよう求め，自分たちの説明方法で他のグループに報告するよう求めた。

　その教師がうろたえたことには，最初のグループは，缶に水をかけたことによって缶がこわれた，なぜなら，缶をあたためたことによって金属が柔らかくなり，比較的ちょっとの水でこわれやすくなったからだ，という報告をした。

　この教師は，クラスの他のグループは，このできごとを，実験状況で実際に起こった事柄に沿った形で説明してくれるだろうという淡い期待を込めて，この最初のグループの発表にはコメントを加えず，残りのグループには自分たちなりの説明をするよう求めた。しかしながら，すべてのグループが，自分たちの見たことに対して同じような説明をしてしまった。1つのケースでは，温まって弱くなった缶を，びしょぬれのペーパーバッグになぞらえ，濡れれば濡れるだけ弱くなる，とした。缶の内部の熱の効果についてはどのグループでも全く報告されることはなかった。

<u>コメント8</u>

　ここでの事例は，構成主義での学習についてわれわれが知っていることのいくつかが無視され，教師が準備段階や実際の授業のときに犯した間違いによって生徒たちに誤った考え方を生じさせてしまった事例である。

この，気圧という新しいトピックについての授業を始めるにあたって，教師は先行知識（Pritchard, 2008）を活性化しておくことができなかった。先行知識の活性化とは「学習者の要求にみあう適切な学習プログラムを計画し実行できるよう，個々の学習者の欲求，態度，好みや既に学んだことなどを評価する全般的プロセス」（QIA, 2007: p.2）と定義される。

　先行知識の活性化はいろいろなやりかたで行い得る。1つのやり方としては，クラスのみんなにある種の導入的な質問をしておく，というのがあり，また，もっと社会的構成主義的なやりかたとしては，教師によって紹介されたある種の考え方についてクラスのみんなにペアになって話し合わせ，その結果を集めるというやりかたもある。先行知識や先行理解を確かめるのに，ペアで概念地図（Novak and Gowin, 1984）を作らせることもよくみられる。これによって，教師は，今まさにこれから探求しようとしている概念についての生徒の一般的な知識や理解が，現在どのような状態にあるのかについての見通しを得ることができる。このように最初に生徒たちの持っている先行知識を把握しておくことによって，教師は，クラスで授業をする際にどこから始めればいいのかという判断をより正確に行うことができる。

　この授業でのもう1つの注目すべき手抜かりは，エキスパートである教師が指導する準備をしてなかったことである。既にみてきたように，これはさまざまなやり方がある。回答を導き出すような質問をすること，ヒントや示唆を与えること，袋小路に入らないようにクラスのみんなの考えや思いつきをうまく舵とりすること，などである。他にも，印刷物を渡したり，できればワークシートで，観察したことや議論したことを書き込んで完成していくような形で，足場かけの技法も使うことができたであろう。

　グループ内での議論では，1つの意見に支配されてしまいがちである。それが，考えられる説明のなかでの唯一の説明になってしまうのである。グループをよく観察している教師なら，この段階で口をはさ

むことはとても重要なことであり，それによって次の適切なステップに進んでいくことができる，と判断する。

　この缶の事例のように学習者に目の前での出来事を観察させると，場合によっては，学習者の考え方を刺激し，議論を呼び起こすこともある。この事例では，実際にそれが起こったのである。しかしながら，この場合，デモで示した事象に横たわる，子どもたちに発見してほしい「科学的知見（＝圧力差によって生じた）」は，そのグループの者たちがつかんだもの（水をかけて缶が弱くなってしまったため）をいく分超えるものであった。こうしたケースでは，生徒たちの思いつきや観察，自由な質問等を含むコメントは，「何がおこったのか」ということの理解につながるように十分に教師からの援助・助言がなされるべきである。この授業の場合，教師が水道水をかける，という現象を観察したことが混乱を引き起こし，生徒たちはその現象を支配し方向づけている正しいメカニズムを理解しようとしないで，荒っぽい考え方に導かれてしまったのである。

　同じような特徴や現象が現れる，別の活動や実験を見せることで，グループ内で起こってしまったような実験や議論後の「誤った解釈」が生じる状況を避けることができるかもしれない。例えば，同じ出来事を異なったやり方で見る機会を与えられれば，クラスのみんなが観察された事象に対してより深く考察し，よりみんなで考えたかもしれない。インターネットが日常化したこの時代，後の人々のためにということであらゆることがらがビデオにとられて流されている無数のサイトが存在し，だれもがそれを無料で使うことができるようになっている。したがって，そういうサイトから，この授業で実演されたものより小さな，あるいは大きな容器を使った（極端な結果を生み出すものとしては石油のドラム缶など）実験事例をネット上で探すことができる。熱せられてその後冷たい水に投げ込まれるソフトドリンクの缶は，小さな容器での実験例であり，その他たくさんの事例を見つけることができる。

子どもたちが見た，かけた水が缶をつぶした，という印象は大変強烈なものであり，簡単には他の考え方に置き換えることのできないようなものであった。仮にクラスの一部の者だけがそういう経験をし，また，熱くなった缶に水をふきかけるということがただ単に注意をよそにそらせただけのものであったなら，このことはそれほど驚くべきことがらでもない。

　教師のとるアプローチに，学習の社会的次元を働かせることができるような機会——そのうちいくつかは先に紹介したが——がいくらかでも含まれていれば，クラスのみんながどんな経験をしたか，また，その経験の背景にある科学的諸原理をどう理解したか，という観点から，より満足のいく学習成果を得ることができたかもしれない。この事例では，教師の役割の重要さがより一層強調されている。

● **発展課題** ●

▶本章での具体例のどれか1つとあなた自身の教育実践とを比較し，その教授法の原理を使うことによってどのくらい教授や学習の活動の質を高めることができそうか，考察せよ。

▶自分自身の教え方とは違うが良い教授実践を示していると思われる本章での具体例を，自分としてはどの程度採用でき使いこなすことができそうか，考察せよ。

▶自分自身の教え方を考えてみて，そのどんな側面が社会的構成主義の原理にもっとも近いであろうか？あなたの教え方を本章の具体例で示すとすれば，どのように表現することができるであろうか？

参考文献

【 】は邦訳が出版されている文献を参照

ACT (Association for Constructivist Teaching) (2007) Online. Available HTTP: <http://www.odu.edu/educ/act> (accessed 9 September 2009).

Adamse, M. and Motta, S. (2000) *Affairs of the Net: Cybershrinks' Guide to Online Relationships.* Miami, FL: Health Communications Inc.

Adi, Y., Killoran, A., Janmohamed, K. and Stewart-Brown, S. (2007) *Systematic Review of the Effectiveness of Interventions to Promote Mental Wellbeing in Children in Primary Education. Report 1: Universal Approaches (Non-violence Related Outcomes).* London: National Institute for Health and Clinical Excellence.

Agar, J., Jones, S. and Simpson, G. (2006) *Teaching Children to Generate Questions Designed to Improve their Capacity to Think Critically about Scientific Questions Standard Site* Online. Available HTTP: <http://www.standards.dfes.gov.uk/ntrp/lib/pdf/questioningscience.pdf> (accessed 9 September 2009).

Alexander, R. (2008) "Culture, dialogue and learning: Notes on an emerging pedagogy" in Mercer, N. and Hodgkinson, S. (eds) *Exploring "Talk in School.* London: Sage, 91-114.

【1】Anderson, J. (1983) *The Architecture of Cognition.* Cambridge, MA: Harvard University Press.

Anderson, J. (1990) *Cognitive Psychology and its Implinuions,* 3rd edition. New York: Freeman.

Anderson, J. (2000) *Cognitive Psychology and its Implications,* 5th edition. New York: Worth Publishers.

Andriessen, J., Baker, M. and Suthers, D. (2003) *Arguing to Learn: Confronting Cognitions in Computer-supported Collaborative Learning Environments.* Dordrecht, Netherlands: Springer.

Armbruster, B. (1996) "Schema theory and the design of content-area textbooks,"

Educational Psychologist 21: 253-276.

Bandura, A. (1977) *Social Learning Theory.* New York: General Learning Press.

Bandura, A. (1986) *Social Foundations of Thought and Action: A Social Cognitive Theory.* New York: Prentice Hall.

【2】 Bandura, A. (1997a) *Self-efficacy:The Exercise of Control.* New York: W.H. Freeman.

【3】 Bandura, A. (1997b) *Social Learning Theory.* Englewood Cliffs, NJ: Prentice Hall.

Barak, A. and Block, N. (2006) "Factors related to perceived helpfulness in supporting highly distressed individuals through an online support chat," *Cyberpsychology and Behaviour* 9(1).

【4】 Bartlett, F (1932) *Remembering: A Study in Experimental and Social Psychology.* Cambridge: Cambridge University Press.

Bartlett, F. (1958) *Thinking.* NewYork: Basic Books.

BECTA (British Educational Communications and Technology Agency) (2006) *Using Chat Rooms in the Classroom* Online. Available HTTP: <http://www.becta.org.uk> (accessed 9 September 2009).

Berliner, D. (1998) *Educational Psychology,* 6th edition. Boston and New York: Houghton Mufflin Company.

Bernard, R., Abrami, P.,Lou, Y., Borokhovski, E., Wade, A., Wozney L., Wallet, P., Fiset, M. and Huang, B. (2004) "How does distance education compare with classroom instruction? A meta-analysis of the empirical literature," *Review of Educational Research* 74(3): 379-439.

Blair, T. (2003) *Labour Party Conference in Bournemouth.* London: Guardian Online. Available HTTP: <http://http://www.guardian.co.uk/politics/2003/sep/30/labourconference. labour5> (accessed 9 September 2009).

Bransford, J.(1979) Human Cognition: Learning, Understanding, and Remembering. Belmont, CA: Wadsworth Publishing.

Brewer,W. and Treyens, J. (1981) "Role of scheitiata in memory for places," Cognitive Psychology 13: 207-230.

Brine, A. (2009) *Language Arts & Disciplines.* London: Ashgate.

Brooks, J. G. and Brooks, M. G. (1993) *In Search of Understanding: The Case for Constrtictivist Classrooms.* Alexandria,VA: Association for Supervision and Curriculum Development.

Brown, B. (2008) *Key Indicators of Child and Muth Well-being: Completing the Picture.* New York: Lawrence Erlbaum Associates.

Brown, J., Collins,A. and Duguid, P. (1989) "Situated cognition and the culture of learning," *Educational Researcher* 18 (1): 32- 42.

[5] Bruner, J. (1960) *The Process of Education.* Cambridge, MA: Harvard University Press.

[6] Bruner, J. (1966) *Toward a Theory of Instruction.* Cambridge, MA: Harvard University Press.

[7] Bruner, J. (1973) *Going Beyond the Information Given.* New York: Norton.

Bruner, J. (1983) "Education as social invention,"*Jounal of Social issues* 39: 1.29-141.

Buchanan, A. (2000) "Present issues and concerns" in Buchanan, A. and I Judson, B. (eds) *Promoting Children's Emotional Well -being.* Oxford:Oxford University Press.

Buchanan, A. and Hudson, B. (eds) (2000) *Promoting Children's Emotional Well-being.*Oxford:Oxford University Press.

Burton, D. and Bartlett, S. (2006) "Shaping pedagogy psychological ideas" in Kassem, D., Mufti, E. and Robinson, J. (eds) *Education Studies: Issues and Critical Perspectives.* Milton Keynes: Open University Press.

Carrier, S. and Moulds, L. (2003) "Pedagogy, andragogy, and cybergogy: Exploring best-practice paradigm for online teaching and learning" presented at Sloan-C Ninth Internatiollal Conference on Asynchronous Learning Networks (ALN) Orlando, FL Online. Available HTTP: <http://www.sloan-c.org/conference/proceedings/2003/ ppt/1471.ppt> (accessed 9 September 2009).

CASEL (2008) *Social and I fflotional Learning (SEL) and Student Benefits: Implications* for the Safe Schools/Healthy Students Core Elements Online.Available HTTP: <http://www.casel.org/downloads/EDC_CASELSELResearchBrief.pdf > (accessed 9 September 2009).

Christiansen, H., Krentz, C. and Goulet, L. (2003) "Foreword" in Peter-Koop, A.,

Santos-Wagner, V, Breen, C. and Begg, A. (eds) *Collaboration in Teacher Education: Examples from the Context of Mathematics Education Volume 1.* Dordrecht, Netherlands: Kluwer Academic Publishers.

Clarke, S. (2001) Assessment For Learning — ,IIB WALT Will' OLI Gillingham: Wigan Schools Online. Available HTTP: <http://www.schoolsonline.wigan.sch.uk> (accessed 9 September 2009).

Clausner, T. and Croft, W. (1997) "Productivity and schematicity in metaphors," Cognitive Science 21(3): 247-282.

Coates, J. (1986) *Women, Men and Language.* Harlow: Longman.

Collins, A., Brown, J. and Newman, S. (1989) "Cognitive apprenticeship: Teaching the craft of reading, writing and mathematics" in Resnick, L. B. (ed.) *Knowing, Learning and Instruction: Essays in I lonor of Robert Glaser.* Hillsdale, NJ: Erlbaum.

Crook, C. (2000) "Motivation and the ecology of collaborative learning" in Joiner, R., Littleton, K., Faulkner, D. and Miell, D. (eds) *Rethinking Collaborative Learning.* London: Free Association Books.

Danet, B.,Wachenhauser,T., Bechar-Israeli, H., Cividalli, A. and Rosenbaum-Tamari,Y. (1995) "Curtain time 20:00 GMT: Experiments with virtual theater on internet relay chat," Journal of Computer-Mediated Communication 1(2) Online. Available HTTP: <http://jcmc. indiana.edu/issues.html> (accessed 9 September 2009).

Department for Children, Schools and Families (DCSF) (2008) *Safer Children in a Digital World:The Report of the Byron Review* Online. Available HTTP: <http://publications.dcsf. gov.uk/eOrderingDownload/DCSF-00334-2008.pdf> (accessed 9 September 2009).

DCSF (2009a) *Personalised Learning* Online. Available HTTP: <http://nationalstrategies. standards.dcsEgov.uk/personalisedlearning> (accessed 9 September 2009).

DCSF (2009b) *The Research Informed Practice Site (TRIPS)* Online. Available HTTP: <http://www.standards.dfes.gov.uk/research/> (accessed 9 September 2009).

Deaux, K., Dane, F. andWrightsman, L. (1993) *Social Psychology in the '90s,* 6th edition. Pacific Grove, CA: Brooks/Cole Publishing Company.

Deci, E. and Ryan, It. (1985) *Intrinsic Motivation and Self-determination in I luman Behaviour.* New York: Plenum Press.

Derry, S. (1999) "A fish called peer learning: Searching for common themes" in O'Donnell, A. and King, A. (eds) *Cognitive Perspectives on Peer Learning.* Hillsdale, NJ: Lawrence Erlbaum Associates.

DfES (2005a) Excellence and Enjoyment: Social and !Emotional Aspects of Learning Online.Available HTTP: <http://publications.teachernet.gov.uk/eOrderingDownload/DFES0110200 MIG21.22.pdf'> (accessed 9 September 2009).

DfES (2005b) *Social and Emotional Aspects of Learning: Improving Behaviour, Improving Learning* Online. Available HTTP: <http://nationalstrategies.standards.dcsf.gov.uk/node/87009> (accessed 9 September 2009).

Donaldson, M. (1978) *Children's Minds.* London: Fontana.

Dunkin, M. (1987) *The International Encyclopaedia of 'leaching and 'feather Education (Advances in Education).* London: Pergamon.

Elliott, A. (2001) "Introduction" in Richards, M., Elliott, A., Woloshyn,V. and Mitchell, C. (eds) *Collaboration Uncovered:"Ilic Forgotten, the Assumed, and the Unexamined in Collaborative Education.* Westport, CT: Bergin & Garvey.

Ernest, P. (1999) *Social Constructivism as a Philosophy of Mathematics: Radical Constructivism* Online. Available HTTP: <http://people.exeterac.uk/PErnest/soccon.htm (accessed 15 March 2009).

Eysenck, H. and Eysenck, S. (1969) *Personality Structure and Measurement.* London: Rou dedge.

Eysenck, M. (2004) Psychology: An International Perspective. London: Psychology Press. Falchikov, N. (2001) Learning 7i1gether: Peer Uniting in Higher Education. London: RoutledgeFalmer.

Farrington, D. (1998) "Studying changes within individuals: The causes of offending" in Rutter, M. (ed.) *Studies of Psychosocial Risk: The Power of Longitudinal Data.* Cambridge: Cambridge University Press.

Fisher, R. and Larkin, S. (2005) "Pedagogy or ideological struggle? An examination of pupils' and teachers' expectations for talk in the classroom," *Language and Education* 22(1): 1-16. Fisher, R. and Larkin, S. (n.d) *An Examination of Pupils' and Teachers' Expectations for Talk the Classroom,* School of Education and Lifelong Learning, University of Exeter, UK Online. Available HTTP: <http://eric.exeterac.uk/exeter/bitstream/ 1 0036/40473/1/ Pedagogy%20or%20Ideological%20Struggle.pdf> (accessed 9 September 2009).

Fitts, P. and Posner, M. (1967) *Learning and Skilled Performance in Human Performance.* Belmont, CA: Brock Cole.

Freiermuth, M. and Jarrell, D. (2006) "Willingness to communicate: Can online chat help?" *International Journal of Applied Linguistics* 16(2): 189-212.

Freundschuh, S. and Sharma, M. (1996) "Spatial image schemata, locative terms, and geographic spaces," *Children Narrative: Fostering Spatial Skills in Children Cathwraphica* 32(2): 38-49.

Gentner, D. and Stevens, A. (1983) *Mental Models.* Hillsdale, NJ: Erlbaum.

Gillies, R. (2007) *Cooperative Learning: Inngrating'llieory and Practice.* Thousand Oaks, CA: Sage Publications.

von Glasersfeld, E. (1989) "Constructivism in education" in Kusen, T. and Poslethwaite, N. (eds) *International Encyclopaedia of Education* (supplementary volume 162-163). Oxford: Pergamon.

Goleman, D. (1996) *Emotional Intelligence: Why It Can Matter More Than IQ.* London: Bloomsbury.

[8] Goleman, D. (2006) *Emotional Intelligence: 10th Anniversary Edition: Why It Can Matter More than IQ.* New York: Bantam Publishing.

Gredler, M. (1997) *Learning and Instruction: Theory into Practice,* 3rd edition. Upper Saddle River, NJ: Prentice Hall.

Grigsby, A. (2001) "Let's chat: Chat rooms in the elementary school," *Educational Technology and Society* 4(3): 85-86.

Halliday, M. and Hassan, R. (1989) *Language, Context, and Text: Aspects of Language in a Social-semiotic Perspective.* Oxford: Oxford University Press.

van Harmelen, M. (2008) "Design trajectories: Four experiments in PLE implementation," *Interactive Learning Environments* 16(1): 35-46.

Holland, J., Holyoak, K., Nisbett, R. and Thagard, R. (1986) *Induction: Processes of Inference, Learning and Discovery.* Cambridge, MA: MIT Press.

Hopkins, S. and Lawson, M. (2002) "Explaining the acquisition of a complex skill: Methodological and theoretical considerations uncovered in the study of simple addition and the moving-on process," *Educational Psychology Review* 14(2): 121-154 Online. Available HTTP: <http://tlp.excellcncegatcway.org.uk/pdf/eng_nat_01.pdf> (accessed 9 September 2009).

Hyslop-Margison, E. and Strobel, J. (2008) "Constructivism and education: misunderstandings and pedagogical implications," *The Teacher Educator* 43(1): 72-86.

Innes, J. (1949) "Some pedagogical implications of wiping a joint," *Journal of Vocational Education & Training* 1(3): 275-280.

Jarvis, P., Griffin, C. and Holford, J. (2003) *The Theory and Practice of Learning.* London: Kogan Page.

Johnson, M. (1987) *The Body in the Mind:The Bodily Basis of Meaning, Imagination and Reason.* Chicago: University of Chicago Press.

Johnson, M. (2008) "Philosophy's debt to metaphor" in Gibbs, R. W. (ed.) *The Cambridge landbook of Metaphor and Thought.* New York: Cambridge University Press.

Johnson-Laird, P. (1983) Mental Models. Cambridge, MA: Harvard University Press.

Joiner, R., Littleton, K., Faulkner, D. and Miell, D. (eds) (2000) *Rethinking Collaborative Learning.* I..ondon: Free Association Books.

Kearney, M. (2004) "Classroom use of multimedia-supported predict—observe—explain tasks in a social constructivist learning environment research," *Science Education* 34(4): 427-453.

Kearsley, G. (1996) *Learning with Soliware: Pedagogic's and Practice* Online. Available

HTTP: <http://www.educationau.edu.au/archives/cp/dehult.htm> (accessed 9 September 2009).

Kelly, G. (1963) *Theory of Personality:The Psychology of Personal Constructs.*The Norton Library, London: Norton & Co.

Kelly, G. (1995) *Principles of Personal C.:mislaid Psychology.* New York: Norton.

Kent County Council (2004) Kent ICTOnline.Available HT" IP: <http://www.kcntcd. org. ukingfl/ict/control/Bee-Bot> (accessed 9 September 2009).

Kirk, G. (1896) *Heraclitus:The Cosmic Fragments.* Cambridge: Cambridge University Press.

Knowles, M. (1970) *The Modern Practice of Adult Education: Andiagogy versus Pedagogy.* New York: Association Press.

Knowles, M. (1980) *The Modern Practice of Adult Education: from Pedagogy to Andragogy.* Englewood Clifts, NJ: Prentice Hall.

Knowles, M. (1990) *The Adult Learner:A Neglected Species.* Houston,TX: Gulf Publishing.

Kolb, D. (1984) *Experiential burning: Experience as the Source of Learning and Development.* Englewood Cliffs, NJ: Prentice Hall.

Kordaki, M. (2005) "The role of synchronous communication via chat in the formation of c-learning communities," *Proceedings Book of 3rd International Conference on Multimedia and Information and Communicationlechnologies in Education ni-ICIE2005* Online.Available HTTP: <http://www.formatex.org/micte2006> (accessed 12 July 2009).

Kuhn, W. and Frank, A. (1990) "A fbrmalization of metaphors and image-scheinas in user interfaces" in Mark, 1). N. and IHrank,A. U. (eds) Cognitive and Linguistic Aspects of Geographic Spare. Las Navas del Marquis, Spain: NATO Advanced Study Institute.

Kukla, A. (2000) ,*Social Constructivism and the Philosophy of Science.* New York: Routled!w.

Lakoff, G. and Johnson, M. (1980) Metaphors We Live By. Chicago: University of

Chicago Press. Lave, J. (1988) Cognition in Niftier. Cambridge: Cambridge University Press.

【9】 Lave, J. and Wenger, E. (1991) *Situated Learning: Legitimate Peripheral Participation.* Cambridge: Cambridge University Press.

LeVine, R., Dixon, S., LeVine, S., Richman, A., Leiderman, P., Keeler, C. and Brazclton,T. (1994) *Child Care and Culture: Lessons from Africa.* New York: Cambridge University Press.

Mahoney, J. (2005) "Constructivism and positive psychology" in Snyder, R. and Lopez, S. (eds)*Handhook of Positive Psychology.* Oxfbrd: Oxford University Press.

Mann, C. and Stewart, F. (2000) Internet Commtancation and Qualitative Research: A 1 lanelliaol: for Researching Online. London: Sage.

Marvin, L. (1995) "Spoof, spans, lurk. .ind lag:The aesthetics of text-based virtual realities," Journal of Computer-Mediated Cmninuitication 1(2) Online. Available I ITTP: <littp://jcinc. in.diana.edu/voll/issue2/ni:irviii.htrrrl (accessed 9 September 2009).

McGinnis, E. and Goldstein, A. (1997) *Skillstreaming the I jementary School Child: New Strategies and Perspectives JOrTeadting Prosocial Skills,* 2nd edition. Champaign, IL: Research Press.

McMahon, M. (1997) "Social constructivism and the World Wide Web: A paradigm for learning," Paper presented at the AS(:11IFF conference. Perth, Australia.

Mercer, N. and Hodgkinson, S. (2008) *Exploring Talk in School.* London: Sage.

Mercer, N. and Littleton, K. (2007) Dialogue and the Development of Children's *Thinking:A Sociocultural Approach.* London: Ron dedge.

Mercer, N. and Sams, C. (2006) "Teaching children how to use language to solve maths problems," *Language and Education* Online. Ava ble HTTP: <http://www.iiifbrinaworld. com/smpp/title~content=q794297816> (accessed 9 September 2009).

Moore, A. (2000) *Teaching and Learning: Pedagogy, Curriculum and Culture.* London: Routledge and Palmer.

National Commission on Excellence in Education (1983) *A Nation At Risk: The Imperative For Eduailional Reform* Online. Available HTTP: <http://www.ed.gov/pubs/NatAtRisk> (accessed 9 September 2009).

National Strategies (2007) Pedagogy and Personalisation. London: DfES.

National Strategies (2009) *intervention in Science* Online. Available HTTP: <http://national strategies.standards.dcsfgov.uk/search/secondary/results/nav:46403> (accessed 9 September 2009).

Nonnecke, B. and Preece, J. (1999) *Shedding Light on Lurkers in Online Conlimmilies.* Proceedings of Ethnographic Studies in Real and Virtual Environments: Inhabited Information Spaces and Connected Communities conference, Edinburgh: 123 128.

Novak, J. and Cowin, D. (1984) *Learning Ilona to Learn.* Cambridge: Cambridge University Press.

Ogle, D. M. (1989) "The know, want to know, learn strategy" in Muth, K. D. (ed.) *Children's Comprehension of Text.* Newark, NY: International Reading Association.

Ormond, J. (1999) *Human Learning,* 3rd edition. Upper Saddle River, NJ: Prentice Hall.

Oxford University Press (2009) AskOxford Dictionaries Online. Available HTTP: <http://www.askoxfbrd.com/results/?view- dev_dict&field-12668446=compete> (accessed 9 September 2009).

Peter-goop, A ., San tos-Wagner,V., Breen, C. and Begg, A. (eds) (2003) Collaboration in Teacher Education: Examples from the Context of Mathematics Education Volume 1, Dordrecht, Netherlands: Kluwer Academic Publishers.

[10] [11] Piaget, J. (1962) "Conunents on Vygotsky's critical remarks concerning *The Language and Thought of the Child, and judgment and Reasoning in the Child*" Tr. Parsons, A.; Tr. and Ed. Hanfinann, E. and Vakar, G. Cambridge: MIT Press Online. Available HTTP: <http://www.niarxists.org/archivelvygotsky/works/comment/piaget.htni> (accessed 9 September 2009).

[12] Piaget, J. (1970) *Struduralism.* New York : Harper & Row.

[13] Piaget, J. (1972) *The Psychology of the Child.* New York: Basic Books.

Pickford, S. (2008) "Dimensions of 'vernacular' pedagogy," *English, in Education* 22(1): 48-65 Online. Available HTTP: <http://www.informaworld.com/snipp/content--db=all—content=a907039054> (accessed 9 September 2009).

Prawat, R. (1995) "Misleading Dewey: Reform, projects, and the language game," *Educational Research* 24(7), 13-27.

Prawat, R. and Floden, R. (1994) "Philosophical perspectives on constructivist views of learning," *Educational Psychologist* 29(1), 37-48.

Pritchard, A. (2005) *Ways of Learning*. London: David Fulton.

Pritchard, A. (2009) *Ways of Learning,* 2nd edition. London: Routledge.

Qualifications and Curriculum Authority (QCA) (1999) "*The National Curriculum Programmes of Study and Attainment Targets*. London: HMSO.

QCA (2009) *History key Stage 2*: *Statutory Content* Online. Available HTTP: <http://curriculum.qca.org.uk/key-stages-1-and-2/subjects/history/index.aspx> (accessed 9 September 2009).

QIA (2007) *National Teaching and learning Change Programme* Online. Available HTTP: <http://nticp.gia.org.uk/it/documents/aboutgia/glossary.pdf> (accessed 9 Septel»ber 2009). Richards, C. (2003) "Chatrooms in the classroom," *InteracTive* 47: 23-25.

Richards, C. (2009) *How Useful Are Bounded Online Chat Rooms as a Source of Pastoral Support in a Sixth-Form College?* University of Southampton, School of Education, Doctoral Thesis. Online.Available HTTP: <http://eprints.soton.ac.uk/66451/> (accessed 9 September 2009).

Richardson, D., Spivey, M., Edelman, S. and Naples, A. (2001) "Language is spatial: Experimental evidence for image schemas of concrete and abstract verbs" in *Proceedings of the Twenty-third Annual Meeting of the Cognitive Science Society*. Mahwah, NJ: Erlbaum.

Robins, L. N. (1986) "Changes in conduct disorder over time" in Farran, D. C. and McKinney, J. D. (eds) *Risk in Intellectual and Physchosocial Development*. New York: Academic Press.

Rohrer, T. (1995) Feelings Stuck in a GUI Web: Metaphors, Image Schemas and the Human Computer Interface. Eugene, OR: Center for the Cognitive Science of Metaphor, Philosophy Department, University of Oregon.

Romiszowski, A. (1981) *Designing Instructional Systems: Decision Making in Course Planning and Curriculum Design.* London: Kogan Page.

Roseth, C. J., Johnson, D. W. and Johnson, R. T. (2008) "Promoting early adolescents' achievement and peer relationships: The effects of cooperative, competitive, and individualistic goal structures psychological bulletin," *American Psychological Association* 134(2): 223-246.

Royer, J. (ed.) (2004) *The Cognitive Revolution in Educational Psychology.* Charlotte, NC: Information Age Publishing.

Rutter, M., Giller, H. and Hagell, A. (1998) *Antisocial Behavior by Young People.* Cambridge: Cambridge University Press.

Ryan, R. and Deci, E. (2000) "Self-determination theory and the Facilitation of intrinsic motivation, social development, and well-being," *American Psychologist* 55(1): 68-78 Online. Available HTTP: <http://www.psych.rochester.edu/SDT/documents/2000_ RyanDeci_S1)T.pdf5 (accessed 9 September 2009).

Scopes, L. (2009) *Learning Archetypes as 'Mots of Cyberg(wyfin- a 3D Educational Landscape: A Structure for eTeaching in Second Life.* Southampton: University of Southampton Online.

Available HTTP: <http://eprints.soton.ac.uk/66169> (accessed 9 September 2009).

Selby, C. (2009) Does Collaborative Working Between Sixth Form Electronics Students and Computing Students Give Each New Insight into Computing? University of Southampton (unpublished).

Shulman, L. (1987) "Knowledge and teaching: Foundations of the new retbrin," I laniard Lducational Review 57: 1-22.

Stewart-Brown, S. (1998) "Public health implications of childhood behaviour problems and parenting programmes" in Buchanan, A. and Hudson, B. (eds) Parenting, Schooling and Promoting Children's Emotional Oxford: Oxford

University Press.

Stornes, T., Bru, E. and Idsoe, T. (2008) "Classroom social structure and motivational climates: On the influence of teachers' involvement:, teachers' autonomy support and regulation in relation to motivational climates in school classrooms," *Scandinavian Journal of Educational Research* 52(3): 315-329 Online. Available HTTP: <http://dx.doi.org/10.1080/003 13830802025124> (accessed 9 September 2009).

Swann, J. and Graddol, D. (1993) "Gender inequalities in classroom talk" in Graddol, D., Maybin, J. and Stierer, B. (eds) *Researching language and Literacy in Social Context*. Milton Keynes: Open University.

Teach Attention When Hyperactivity Disorder (TADHD) (2009) Focusing on Instructional Choices. TADHD Online. Available I <http://research.aboutkidshealth.ca/ teachadhd/teacli ingadhd/chapter61/1L. I'48 // lZ EF48#>

Teacher Technology Supplies (TTS) (2009) TTS Group www.tts-group.co.uk/Bee-Bot (accessed 12 May 2009).

TIPS (2009) *Constructivist Theory (J.Bruner)* Online. Available HTTP: <http://tip.psychologyorg/bruner.html> (accessed 9 September 2009).

Training Development Agency (TDA) (2007) Professional Standards for Teachers Qualified Teacher Status. London: TDA.

Tu, C. 2000. "On-line learning migration: From social learning theory to social presence theory in a CMC environment," *Journal of Network and Computer Applications* 23: 27-37.

U.S. Department of Education (2002) *What to Know & Where to Go, Parents' Guide to No Child Left Behind* Online. Available HH'TP: <http://www.ed.gov/parents/academic/ involve/nclhguide/parentsguide.pdf> (accessed 9 September 2009).

Veerman, A. (2003) "Constructive discussions through electronic dialogue" in Andriessen, J., Baker, M. and Suthers, D. (eds) *Arguing to Learn: Confronting Cognitions in Computer-Supported Collaborative Learning Environments*. London: Kluwer.

Venkataiah, N. (1998) *Value Education.* New Delhi: APH Publishing Corporation.

Vereijken,B. (1991) The Dynamics Skill Acquisition. Amsterdam, Netherlands: Free University Press.

Vickerstaff, S. (2007) "I was just the boy around the place: What made apprenticeships successful?" Journal of Vocational Education and "Training 59(3): 331-347.

Vygotsky, L. (1978) *Mind in Society.* Cambridge, MA: Harvard University Press.

Walsh, R. (1999) *Essential Spirituality.* New York: Wiley.

Wang, M. (2007) "Designing online courses that effectively engage learners from diverse cultural backgrounds," *British journal of Educational Technology* 38(2): 294-311.

Wang, M. and Kang, M. (2006) "Cybergogy for engaged learning: A framework for creating learner engagement through information and communication Technology" in Hung, 1). and Khine, M. (eds) Engaged Learnnw with Lmergins;Wchnologies. Dordrecht, Netherlands: Springer.

Weare, K. and Gray, G. (2003) *What Works in Developing Children's Emotional and Social Competence and Wellbeing?* Online. Available HTTP: <http://www.dcsf.gov.uk/research/ data/uploadftles/R R456.pdf > (accessed 9 September 2009).

Wegerif, R. (2007) *Dialogic Education and Technology: Expanding the Space of Learning.* London: Springer.

Wells, J.,Barlow, J. and Stewart-Brown, S. (2002) *A Systematic Review of Universal Approaches to Mental Health Promotion in Schools.* Oxford: University of Oxford Institute of Health Sciences.

Wells, J., Barlow, J. and Stewart-Brown, S. (2003) "A systematic review of universal approaches to mental health promotion in schools," Health Education 103(4): 197-220 Online.Available HTTP: <http://www.eineraldinsight.com/0965-4283.htm> (accessed 9 September 2009).

Wertsch, J. (1991) *Voices of the Mind: A Sociocultural Approach to Mediated Action.* Cambridge, MA: Harvard University Press.

Wight, M. and Chapparo, C. (2008) "Social competence and learning difficulties:

Teacher perceptions," *Australian Occupational Therapy Journal* 55(4): 256-265.

Willett, R. and Sefton-Green, J. (2003) "Living and learning in chatrooms (or does informal learning have anything to teach us?）", Education et Societies(2)English version Online.St Paul, MN: Wilder Foundation. Woolf-61k, A. (1993) Educational Psychology. Needham Heights, MA: Allyn and Bacon. Woollard, J. (2004a) Image-Schernas as Diagrams Online. Available HTTP:<http://www.wac.co.uk/sharedspaces/chatrooms. pdf>(accessed 9 September 2009).

Williams, L.(1999) "But, isn't that cheating?［collaborative programming］," *Frontiers in Education,* 2, 29th Annual Frontiers in Education Conference.

Winer, M. and Ray, K.(1994) *Collaboration Handbook, Creating, Sustaining and Enjoying the Journey.* St Paul, MN:Wilder Foundation.

Woolffolk, A.(1993) *Educational Psychology*. Needham Heights, MA:Allyn and Bacon.

Woollard,J.(2004a)Image-Schemas as Diagrams Online.Available HTTP: <http://www.cblt. soton.ac.uk/metaphor/image-schema> (accessed 9 September 2009).

Woollard, J. (2004b) "Pedagogic content knowledge - not just knowing it but knowing how to teach it," InteracTive 50: 17.

Wray, D. and Lewis, M. (1997) *Extending Literacy*. London:Routledge.

Zins, J., Bloodworth, M.,Weissberg, R. and Walberg, H. (2004) "The scientific base linking social and emotional learning to school success" in *Building Academic Success on Social and Emotional Learning: What Does the Research Say?* Teachers College, Columbia University Online. Available HTTP: <http://www.casel.org/downloads/T3053c01.pdf> (accessed 9 September 2009).

●邦訳が出版されている文献

【1】Anderson, J.R.（1980）/富田達彦・増井透・川崎惠里子・岸 学（訳） 認知心理学概論 誠信書房 , 1982（本翻訳は 1980 年出版の初版本の訳である）

【2】Bandura, A.（1977）/原野広太郎（監訳） 社会的学習理論―人間理解と教育の基礎― 金子書房 ,1979

【3】Bandura, A.（1997a）/本明寛・野口京子（監訳） 激動社会の中の自己効力

金子書房, 1997 （本翻訳は Self-efficacy in changing societies / edited by Albert Bandura Cambridge ; New York : Cambridge University Press , 1995 の訳である）

【4】 Bartlett, F.（1932）/ 宇津木保・辻正三（訳） 想起の心理学：実験的社会的心理学における一研究　誠信書房, 1983

【5】 Bruner, J.S.（1960）/ 鈴木祥蔵・佐藤三郎（訳）　教育の過程　岩波書店, 1963

【6】 Bruner, J.S.（1966）/ 田浦武雄・水越敏行 (訳)　教授理論の建設　黎明書房, 1966 田浦武雄・水越敏行 (訳)　改訳版　教授理論の建設　黎明書房, 1977

【7】 Bruner, J.S.（1973）/ 平光昭久・大沢正子 (訳)　認識の心理学：与えられる情報をのりこえる（上・中・下）　明治図書, 1978

【8】 Goleman, D.（1996）/ 土屋京子 (訳)　EQ こころの知能指数　講談社, 1996

【9】 Lave, J. and Wenger, E.（1991）/ 状況に埋め込まれた学習：正統的周辺参加　佐伯胖 (訳) 福島真人（解説）　産業図書, 1993

【10】 Piaget, J.（1962）/ 大伴 茂　臨床児童心理学Ⅰ：児童の自己中心性　同文書院, 1954（本翻訳はフランス語版原著 Le langage et la pensee chez L'enfant (第 3 版 1948) の訳である）

【11】 Piaget, J.（1962）/ 滝沢武久・岸田秀（訳）　判断と推理の発達心理学　国土社, 1969（本翻訳はフランス語版原著 Le Jugement et la raisonnement chez L'enfant (1947) の訳である）

【12】 Piaget, J.（1970）/ 滝沢武久, 佐々木明（訳）構造主義　白水社, 1970（本翻訳はフランス語版原著 Le structuralisme　の訳である）

【13】 Piajet, J.（1972）/ 波多野完治, 須賀哲夫, 周郷博（訳）　新しい児童心理学　白水社, 1969（本翻訳はフランス語版原著 La psychologie de l'enfant の訳である）

索引 (人名)

A
Anderson, J.R. 74, 94

Andriessen, J. 84

Aristoteles 39

B
Bandura, A. 1, 9, 24, 129

Bartlett, F. 16, 74

Blair, T. 35

Bransford, J. 74

Brooks, J.G. 83

Brooks, M.G. 83

Bruner, J.S. 1, 9, 22

Buddha, G. (ブッダ) 2

C
Chapparo, C. 32

Christiansen, H. 139

Clarke, S. 98

Collins, A. 94

Crook, C. 137

F
Falchikov, N. 136

Fisher, R. 125

G
Gillies, R. 137

Gray, G. 39

Glaserfeld, V. 12

H
Harmelen, V. 53

Heraclitus 2

J
Jones, S. 102

K
Kant, I. 3

Kapp, A. 71

Kearney, M. 44

Kelly, G. 4

Kirk, G. 2

Knowles, M. 71

L
Lao Tzu (老子) 5

Larkin, S. 125

Lave, J. 25, 66, 129

Locke, J. 75

M
Mahoney, M.J. 2

P
Pavlov, I.P. 6

Piaget, J. 1, 3

Plutarchus 74

R
Ray, K. 42

Richards, C. 46

S

Skinner, B.F. 6

Shulman, L. 93

Socrates 75, 84

Starry, J. 114

V

Vaihinger, H. 3

Veerman, A. 45

Vico, G. 3

Vygotsky, L.S. 1, 8

W

Wang, M. 72, 73

Watson, J.B. 6

Weare, K. 39

Wenger, E. 25, 64, 129

Wight, M. 32

Winer, M. 42

Z

Zin, J. 38

索引（事項）

あ
アイデンティティ 44
アクティブ 22
足場 7
足場かけ 7, 22, 53, 59, 134
与えられた情報を超えて 65
アドホックな（さしあたり，そのための）介入 59
アンドラゴジー 69, 71

い
異年齢集団 26
インフォーマルな学習 121

お
教え方の方法 71
親方 90
オンライン 45

か
外在化 90
概念モデル 16
外発的な動機づけ 33
科学的探究過程 44
科学的知識 4
学習 10, 34
学習過程 7
学習カリキュラム 79
学習材料 77
学習者中心の学習 73
学習者の独立性 75
学習の社会・情動的側面 34
学習の準備 76
学習の文脈化 90
学習理論 1, 6
学力的学習 38
学力的・社会的・情緒的学習協同機構 35
仮説 23
「かの如く」 3
感覚運動期 8
感覚データ 8
観察 44, 65
観察学習 24

き
気圧 143
急進的構成主義 12
共応 15
教授法 69
教授法・内容の知識（PCK）93
教授方略 32, 36
競争 101
競争的活動 41
共同 41
協同 41
協同作業 124, 132
共同的活動 41
共同的作業 97

協同的作業 97

均衡化 18, 19

く

具体的操作期 8

グループワーク 42, 100

け

計画的な介入 59

経験 3

形式的操作期 8

言語 9, 23, 53, 58, 75

こ

攻撃行動 36

構成概念 4

構成主義 i, 1, 2

構成主義的アプローチ 4

構成主義的な学習理論 1

構成主義的な教師 108

構成主義的認識論 4

構造化 76, 79, 81

行動主義 5

合理化 17

個人作業 124

個人作用 24

個人性 3

個人の責任 138

コンピュータ支援の協同学習（CSCL）84

コンピュータを介した
　コミュニケーション 45

さ

サイバーゴジー 69, 72

サイバーはったり行為 48

し

シェマ 15

視覚化 81

刺激−反応理論 5

思考と言語 8

自己決定理論 49

自己効力感 24

自己調整 50

事実 2

思想 1

実験 75

実践共同体 90

自動的反応 6

社会 73

社会・情動的側面 34

社会の学習 i, 38, 129

社会的学習理論 1

社会的過程 13

社会的構成主義 1, 13, 130

社会的・情緒の教育活動 39

社会的・情緒的側面 31, 104

社会的所産 13

社会的スキル 36, 139

社会的相互作用 9, 55, 104

社会的側面 31

社会的段階 56

社会的ネットワークサイト（SNS）49

社会的文脈 9

集合作用 24

周辺 131

周辺参加 134

周辺的成員 25

熟達者 95, 131

熟慮 87

順序付け 81

準備性 78

状況学習論 25, 90

情緒 73

情緒的学習 38

情緒的スキル 36

情緒的側面 31, 33

焦点 115

焦点化した質問 62

賞と罰 77

初心者 131

自律 94

自律的学習 73

信念 2

シンボルシステム 9

心理間的 21

心理内的 21

す

スキーマ 15, 16

スキーマの活性化 115

スキーマ理論 115

スキル 73

スキルストリーミング 32

スクリプト 15

スパイダー図 82

せ

精神 3

成人教育 71

精神構造 74

正当化 86

正統的周辺参加 25, 90, 126, 129

積極的相互依存 137

説明 44, 75

尖鋭化 17

先行オーガナイザー 83

先行知識 110

先行知識の活性化 146

前操作期 8

全体論 39

全体論的アプローチ 39

そ

想起 16

促進的相互交渉 138

ソクラテス的問答法 85

ソビエト 20

た

対人的スキル 33, 138

他者 55

妥当性説明 86

タブラ・ラサ 75

ち

知識 10

チャット 46

チャットルーム 115

調節 8, 77, 115

て

ディベート 82

哲学 1

電子黒板 113

と

同化 8, 77, 115

動機づけ 75

道具 54

トークン 99

特別支援 104

匿名性 48

独立性 94

徒弟 90

徒弟制モデル 25

な

内化段階 56

内発的動機づけ 50

仲間の中の親方 91

に

認識論 4

認知 66, 73, 94

認知的葛藤 19, 70

認知的徒弟制 66, 69, 90, 97

認知発達 55

ね

ネット空間 73

ネットミーティング 45

ネット利用 73

は

ハイ・ステークスなテスト 37

バイロン・レポート 35

発生的認識論 3, 14

発達の最近接領域 13, 77

話し合い 75

反省的振り返り 70

ひ

ピアシニア 95

ピアマスター 91, 95

ビーボット 127

「批判」3部作 3

批判的思考 75

ふ

フィードバック 69, 75, 121

フェイスブック 45

物理的人工物 99

不品行 36

フレーミング 118

ブレーン・ストーミング 82

文化 9

文脈 9

文脈化 75

文脈化された学習 73

へ
平板化 17

ペダゴジー 69

ペニーファージング 113

ペポ 45

変更・再構造化 27

ほ
傍観 48

ホット・シーティング 83

ほんものの学習 26

む
矛盾 19

め
明確化 86

メタファー（比喩）74

メタ分析 35

メッセンジャー 45

も
モデリング 53, 63, 91, 119

問題解決 74, 75

や
役割 83

ヤフートーク 45

よ
予想 44

ら
螺旋形 23

螺旋的 88

り
リアリティ 3, 7, 9

リーダーシップ 42

れ
レディネス 65

連合 94

ろ
ロシア 7

その他
CASEL 35

Children Act 35

CMC 45

ECM 35

GCE 135

ICT 120, 143

ICT 教育 140

KWL 110

KWL グリッド 111

SAFE 37

SEAL 34

TIB 98

WALT 98

WILF 98

訳者あとがき

　本書は，Alan Pritchard and John Woollard（2010），Psychology for the Classroom: Constructivism and Social Learning.　Routledge（London and New York）の全訳である。

　本書を翻訳するに至った経緯と本書の翻訳の意義について紹介しよう。

　訳者は，教育心理学・認知心理学を専門とする心理学研究者である。とりわけ，学校教育における教授・学習過程，そこでの幼児・児童・生徒・学生の思考過程に関心を持ち研究を進めてきた。

　思考過程については，一貫してその発達的連続性を認め，幼児から大人・科学者に至る思考過程の共通性を論じた（田中，2004）。また，学校教育における教授・学習過程については，「形成・共学」と「学習・学び」の2次元各2値のマトリックス（田中，2015）を紹介し，その中で，知が社会的活動の中で構成されていく社会的構成主義の考え方の意義を解説してきた（田中，1996）。

　そうした中で，いくつかの学内の行政職を数年間兼務して（田中・山田，2015）その後のサバティカルをもらって半年間研究三昧の日々が送れる条件になったとき，出版直後の本書に出会った。本書のタイトルがきわめて魅力的であり，その内容は，まるで自分が書いたもののようで，まさに著者らと「対話」しながら一気に読み進んだ。読書経験のなかで，こうした，自分が書いたと錯覚するような経験は初めてであった。

　このサバティカル明けに偶然，学内の教育開発支援センターという部署を任せられることになり，一転して高等教育を扱うこととなった。そこではアクティブラーニングという，構成主義・社会的構成主義の思潮そのものが現実化した教授・学習法が1つの主流をなしており，その重要性を再確認した。同時に，アクティブラーニングが初等・中等教育にも導入されようとしている今，こうした基本的な哲学・方法・

技術の基本を共有することは極めて重要なことだと考え，翻訳出版を決意した。

上述した通り，原著者らの思考及び学術的立ち位置は訳者である田中のものと極めて似通っており，著者らのことばを借りて私自身の考えを述べている，という側面もある。これまで本書の一部を引用・紹介した発表・論文もいくつかあり，「共著者」が日本語の本を出版した，という気持ちが大きい。個人的にはそこにも本書翻訳の意義を認めたい。

翻訳にあたっては極力正確さを期したが，学術書であり啓蒙書でもあるという性格上，表現はできるだけ読者が分かりやすいように心がけた。また，少しわかりづらいことがらについては少しだけ訳注をつける形でそれらもできるだけわかりやすくしたつもりである。

本訳書が，わが国のこれからの初等・中等・高等教育で生かされることを切に願っている。

原著の翻訳に快諾いただいた著者らには最大限の敬意と謝意を表する。本書の翻訳のスタートは入手直後の 2011 年にまで戻るが，北大路書房の編集者・若森乾也さんから後押ししていただき，6 年がかりでの出版に辿り着いた。若森さんには心よりの謝意を表するものである。

2016 年 9 月 30 日　田中俊也

田中俊也（1996）コンピュータがひらく豊かな教育：情報化時代の教育環境と教師．北大路書房

田中俊也（2004）思考の発達についての総合的研究　関西大学出版部

田中俊也（2012）児童期（小学生の時期）二宮・大野木・宮沢（編）ガイドライン生涯発達心理学［第2版］p.63-78　ナカニシヤ出版

田中俊也（2015）授業の方法と教師の役割　子安増生・田中俊也・南風原朝和・伊東裕司（共著）教育心理学（第3版）　有斐閣

田中俊也・山田嘉徳（2015）大学で学ぶということ：ゼミを通した学びのリエゾン　ナカニシヤ出版

【著者紹介】

アラン・プリチャード（Alan Pritchard）

ウォーリック大学（University of Warwick）の教育学の准教授である。長年にわたり小学校の教員を経験し，教育的な話題についての幅広い本を出版している。

ジョン・ウーラード（John Woollard）

サウスハンプトン大学（University of Southhampton）の教育学部，情報技術教育の講師である。以前は小学校と中学校の両方で教えた経験も持つ。現在はコンピュータを用いた教授学習の研究を行っている。

【訳者紹介】

田中俊也（たなか・としや）

1952年 広島県に生まれる
1981年 名古屋大学大学院教育学研究科博士課程単位取得満了
現　在　関西大学文学部教授（博士［心理学］）

■主著・論文
思考の発達についての総合的研究　関西大学出版部　2004年
教育心理学（第3版）（共著）　有斐閣　2015年
大学で学ぶということ——ゼミを通した学びのリエゾン——
　ナカニシヤ出版　2015年

アクティブラーニングのための心理学
教室実践を支える構成主義と社会的学習理論

2017年3月10日　初版第1刷印刷	定価はカバーに表示
2017年3月20日　初版第1刷発行	してあります。

　　著　者　　A. プリチャード
　　　　　　　J. ウラード
　　訳　者　　田中俊也

　　発行所　　㈱北大路書房
　　　　　　　〒603-8303　京都市北区紫野十二坊町12-8
　　　　　　　電　話　(075) 431-0361（代）
　　　　　　　ＦＡＸ　(075) 431-9393
　　　　　　　振　替　01050-4-2083

編集・制作　仁科貴史
装幀　　　　白沢　正
印刷・製本　シナノ印刷㈱

ISBN 978-4-7628-2957-4　C1011　Printed in Japan©2017
検印省略　落丁・乱丁本はお取替えいたします。

- JCOPY〈㈳出版者著作権管理機構 委託出版物〉
本書の無断複写は著作権法上での例外を除き禁じられています。
複写される場合は，そのつど事前に，㈳出版者著作権管理機構
（電話 03-3513-6969, FAX 03-3513-6979, e-mail: info@jcopy.or.jp）
の許諾を得てください。

◆北大路書房の好評関連書

協調学習とは
対話を通して理解を深める
アクティブラーニング型授業

三宅なほみ，東京大学 CoREF，河合塾 編著
A5判・216頁・本体 2000円+税
ISBN978-4-7628-2932-1 C1037

主体的な学びを引き出す授業づくりを，官民学一体で検討。「知識構成型ジグソー法」を解説し，高校生向け授業例を教科毎に紹介。

子どもの思考が見える 21 のルーチン
アクティブな学びをつくる

R.リチャート，M.チャーチ，K.モリソン 著
黒上晴夫，小島亜華里 訳
A5判・304頁・本体 3000円+税
ISBN978-4-7628-2904-8 C1037

「思考の可視化」により学習者の関与感を高め，理解を深め，自立を促す授業を構成する。ハーバード教育大学院プロジェクトの試み。

深い学びをつくる
子どもと学校が変わるちょっとした工夫

K.イーガン 著
髙屋景一，佐柳光代 訳
A5判・248頁・本体 3200円+税
ISBN978-4-7628-2948-2 C1037

「広さ」に偏重してきた従来学校教育を批判，知識の「深さ」を志向する学習プログラムによる「補完」を提案。能動的な学びへ。

21 世紀の学習者と教育の 4 つの次元
知識，スキル，人間性，そしてメタ学習

C.ファデル，M.ビアリック，B.トリリング 著
岸 学 監訳
関口貴裕，細川太輔 編訳
A5判・196頁・本体 2200円+税
ISBN978-4-7628-2944-4 C1037

知識，スキル，人間性，メタ学習の4つを関連させて育成していくことの重要性を提案。日本や世界の教育改革の方向性が理解できる。